Sybille Günther

Lichterfeste

Spiele, Lieder, Tänze, Dekorationen und Rezepte für Feiern und Umzüge in der Lichterzeit

Illustrationen von Kirsten Schlag

Ökotopia Verlag, Münster

Impressum

Autorin Sybille Günther

Illustratorin Kirsten Schlag

Satz Hain-Team, Weimar

Notensatz Ja.Ro. Music, Taunusstein

ISBN 3-936286-66-3
ISBN 978-3-936286-66-3

3 4 5 6 7 8 9 10 • 12 11 10 09 08 07 06

Die Lieder dieses Buches gibt es auf der CD von Hartmut E. Höfele

Lichterfeste

Stimmungsvolle Lieder und Geschichten zum Mitsingen, Zuhören, Tanzen und Feiern in der Lichterzeit

ISBN 3-936286-67-1
ISBN 978-3-936286-67-0

Inhalt

Licht ins Dunkel

Ein festliches Licht gehört zu jedem Fest: ob zum Geburtstag die Kerzen, die Lampions bei einem Gartenfest oder das Feuerwerk bei einer Burgenbeleuchtung … – selbst bei einem festlichen Essen darf Kerzenlicht nicht fehlen.
Von einem **Lichterfest** sprechen wir aber erst, wenn das Licht selbst zum Festanlass wird. Und es scheint, als wollten die Menschen schon immer mit Festen in der dunklen Jahreszeit das abnehmende Sonnenlicht durch von ihnen entzündete Lichter ausgleichen.

Wenn die Natur durch die fehlende Sonne langsam abstirbt und sich in die Erde zurückzieht, beschleicht uns Erwachsene häufig eine leise Melancholie, weil so mancher an die Vergänglichkeit allen Lebens denkt. Mit dem trüberen Tageslicht scheinen sich auch oft unsere Gedanken zu trüben.

Nicht so bei den Kindern: Der Herbst hält bis Weihnachten so viele Überraschungen für sie bereit, dass schlechte Stimmung gar nicht erst aufkommt: Die ersten Herbststürme sind für sie die Zeit, um Drachen steigen zu lassen. Die vielen Regentage im Herbst animieren sie, mit ihren Gummistiefeln keine Pfütze auszulassen, und die ersten eisigkalten Novembertage halten auf dem Weg zu Kindergarten und Schule am Morgen schon mal den ersehnten Schnee bereit …
Diese bewegte, stürmische, verregnete und kalte Zeit bringt für Kinder jede Menge, regional unterschiedlich ausgeprägte Kinderfeste mit Heischebräuchen – an denen Kinder von Haus zu Haus ziehen und Süßes erbetteln können –, Kinderbeschenktagen und Laternenumzügen mit sich, die allesamt genügend Anlass bieten, froh und munter zu sein.

Was nun so alles an Lichterfesten in der dunklen Jahreszeit möglich ist, das soll in diesem Buch beschrieben sein. Da gilt es hiesige alte Bräuche zu erhellen, regionale Besonderheiten näher zu beleuchten und Parallelen zu Lichterfesten anderer Länder zu finden. Mit diesem kulturellen Fundus lassen sich dann unterschiedliche Lichterfeste feiern, die sowohl durch interkulturelle Einflüsse aus andern Ländern, als auch durch regional geprägte Neuentdeckungen hiesige Traditionen neu beleben und bereichern. So können einerseits altbewährte, traditionelle Lichterfeste wie Erntedank, St. Martin ... in neuem Glanz gestaltet, sowie allgemeine Feste wie Geburtstage, Weihnachtsfeiern, Lesenächte oder sonstige Anlässe mit Elementen der Lichterfeste jahreszeitlich stilvoll ergänzt werden.

Nach einer Einstimmung über die Ursprünge der Lichterfeste hier und anderswo auf der Welt, begleitet das Buch die Veränderungen in der Natur durch die vier Herbstmonate September, Oktober, November und Dezember.
Dabei gibt es immer zu Beginn einen Spaziergang im jeweiligen Monat, um zu sehen, wie die Natur sich durch das fehlende Sonnenlicht verändert. Mit dem, was die Kinder draußen vorfinden, bringen sie die jeweilig spezifischen Farben und Düfte ins Haus, damit ihnen die Jahreszeit auch hier gegenwärtig ist.
Bräuche und Legenden, die diesem Monat zugeordnet sind, veranschaulichen das jeweilige Monatsthema und liefern Anregungen zu seiner Gestaltung.

Highlight ist ein abschließendes Lichterfest mit seinem typischen Lichterzug.
Zu jedem Fest gehören die passenden Lichter und Laternen, die speziellen Speisen, Getränke, Beschäftigungen, Spiele, Lieder und Tänze. Bräuche aus anderen Kulturen fließen mit ein.

- Im September geht es mit einer Landpartie zum Erntefeuer, um den Sommer gebührend zu verabschieden.
- Im Oktober steigt die Halloweenparty für große Geister oder ein Laternenfest für Zwerge als Alternative für Jüngere, um die dunkle Jahreszeit stilvoll zu begrüßen.
- Im November ist der Lichterzug mit Martinslaternen Auftakt zu einer Durchspinn-Nacht, um gemeinsam im Licht zusammenzurücken und es sich drinnen gemütlich zu machen.
- Im Dezember erscheint schon wieder Licht am Ende des Tunnels der dunklen Jahreszeit mit einem Frühstück bei Kerzenschein am Morgen des Lucia-Tages.

Gefeiert wird in diesem Buch rund um die Uhr! Liegt der Beginn der Feierlichkeiten im September noch am Mittag, beginnt das Lichterfest im Oktober erst am Halloween-Abend. Im November wird zu Martini dann mit der traditionellen Durchspinn-Nacht gleich durch die ganze Nacht gefeiert (Übernachtung inklusive). Das Lichterfeste-Buch endet schließlich im Dezember am Morgen der heiligen Lucia mit einem Lichterzug und den dazugehörigen Wichtelgeschenken.

Die LeserInnen des Buches erwartet drinnen eine stimmungsvolle, gemütliche Herbst- und Winterzeit mit Kindern – bei Durchsitznächten und Schlamperwochen, bei Kerzenschein, heißem Punsch, leckeren Speisen aus dem warmen Ofen mit viel Zeit für Spiele, Erzählstunden, Bastelabende – und draußen lebhafte Feste ums Erntefeuer und spannende Nachtumzüge mit Laternenlichtern unter dem herbstlichen Sternenhimmel.
So verkürzen wir die Wartezeit bis Weihnachten, der Wintersonnwende, nach der die Sonnenscheindauer wieder zunimmt. Kalendarisch beginnt jetzt zwar erst der Winter, in der Erde macht sich aber schon alles bereit für den Frühling.

Ich geh mit meiner Laterne

Nr. 23

Text & Musik: trad. – **Bearbeitung:** D. Ferber

Ich geh mit meiner Laterne
Und meine Laterne mit mir
Dort oben leuchten die Sterne
Und unten, da leuchten wir.

Laternenlicht, verlösch mir nicht!
Rabimmel, rabammel, rabum
Laternenlicht, verlösch mir nicht!
Rabimmel, rabammel, rabum

beim Nachhausegehn

Ich geh mit meiner Laterne
Und meine Laterne mit mir
Dort oben leuchten die Sterne
und unten, da leuchten wir

Mein Licht ist aus, ich geh nach Haus
Rabimmel, rabammel, rabum
Mein Licht ist aus, ich geh nach Haus
Rabimmel, rabammel, rabum

Ursprüngliche Lichterfeste hier und anderswo

Lichterfeste werden auf der ganzen Welt nicht nur im Christentum, sondern in allen Religionen gefeiert. Das Licht symbolisiert immer das Göttliche, denn ohne Licht gäbe es kein Leben auf der Welt. Licht spendet uns die Sonne, sie gibt uns Wärme und lässt Pflanzen gedeihen. Mit dem Licht einer Kerze verbinden wir ebenfalls Wärme und Geborgenheit.

Früher war es üblich zu jedem Fest ein großes Jahresfeuer zu entzünden und so begleitet manches Lichterfest auch heute noch ein Feuer. Wir kennen das Martinsfeuer, das Osterfeuer, das Johanni- oder Sonnwendfeuer. Meist ist aber heute im Brauchtum das Feuer auf das Kerzenlicht reduziert.

Traditionell werden Lichterfeste auf der ganzen Welt hauptsächlich in den Herbstmonaten von Ende September bis Mitte Dezember gefeiert. Die Termine für die Lichterfeste liegen meist nach der Ernte, fallen aber nicht unbedingt auf genau den gleichen Tag. Zum Beispiel bestimmen einige Kulturen ihren Festkalender nach dem Lauf der Sonne, andere nach den Mondphasen und dieser Kalender hat nur 28 Tage.

Lichterfeste bei uns

Kalendarisch beginnt bei uns die Herbstzeit am 23. September, der Herbst-Tagundnachtgleiche. An diesem Tag steigt die Sonne in die südliche Hemisphäre hinab und der astronomische Herbst beginnt auf der nördlichen Erdhalbkugel. In den folgenden Monaten wird die Sonnenscheindauer immer kürzer bis zur Wintersonnenwende am 21. Dezember, der längsten Nacht des Jahres. Danach werden die Nächte wieder kürzer und die Sonnenscheindauer nimmt wieder zu.

Die Phase der stetigen Verkürzung der Sonnenscheindauer bezeichnen wir als Herbst. Entsprechend wurden früher die Monate beginnend beim September als erster Herbst, Oktober als zweiter, November als dritter und Dezember schließlich als vierter Herbst bezeichnet.

Genau in dieser Zeit finden wir im Kirchenkalender drei so genannte Lichtertage:

Lamberti am 18. September, **Martini** am 11. November und den **Luciatag** am 13. Dezember.

In jedem der vier Herbstmonate findet ein solches Lichterfest statt, wobei der Oktober insofern eine Ausnahme bildet, als es früher, zu keltisch/germanischer Zeit, Brauch war am 31. Oktober alle Lichter im Haus zu löschen, weil man annahm, dass an diesem Tage die Seelen der im vergangenen Jahr Verstorbenen auf den Weg in den Himmel seien. Man wollte sie nicht unbedingt auf das eigene Haus aufmerksam machen und entzündete so lieber draußen ein Feuer, um den Seelen den richtigen Weg zu weisen. Dieses Fest ist im Kirchenkalender am 1. November als Allerheiligen ausgewiesen und wird seit einigen Jahren auch wieder bei uns als **Halloween** mit einem Umzug mit Kürbislaternen am Vorabend zu Allerheiligen gefeiert.

Um diese Zeit der Lichtertage werden in regional unterschiedlicher Ausprägung Lichterfeste gefeiert, zu denen immer ein Lichterumzug gehört. Die Lichterumzüge haben ihr Vorbild in der liturgischen Lichterprozession (Lucernarium, das heißt die Zeit des Lampenanzündens) während der ersten Vesper am Vorabend eines hohen Feiertages. In Gegenden, die nicht katholisch geprägt sind, finden ebenfalls Laternenumzüge statt, sie heißen dort Laternenfest, Lampionfest o. Ä., nicht unbedingt nach den entsprechenden Tagesheiligen.

Lichterfeste anderswo

Im Fastenmonat Ramadan versammeln sich Muslime in den Moscheen zu den so genannten Lichternächten, um mit ihren Freunden und Verwandten zu speisen. Der Beginn des Fastenmonats richtet sich nach dem Mondkalender. Deshalb beginnt der Ramadan nicht jedes Jahr am gleichen Tag. Im Fastenmonat darf nur in der Zeit von Sonnenuntergang bis vor Sonnenaufgang gegessen werden. Zum **Iftar**, dem Zeitpunkt des Fastenbrechens am Abend, werden die »Kandil« eingeschaltet. Dies ist die festliche Beleuchtung, die an den Moscheen extra zu Ramadan angebracht wird. Kandil ist ein arabisches Wort und bedeutet »Öllampe«. Heute werden allerdings Lichterketten gespannt. Zu den Abendmahlzeiten lädt man Verwandte, Freunde und Bedürftige ein.

Beim **Channukkafest** der Juden wird über acht Tage verteilt ein achtarmiger Kerzenleuchter entzündet. Das Channukkafest fällt in den Dezember. Das Wort Channukka heißt Neueinweihung oder Tempelweihfest. Gefeiert wird das historische Ereignis der Wiedereinweihung des Tempels in Jerusalem nach der Vertreibung der griechischen Besatzer durch den Aufstand der Makkabäer im Jahre 167 v. Chr. Zum Andenken daran werden acht Kerzen an der »Channukkiah«, dem Chanukkaleuchter angezündet – jeden Tag eine Kerze mehr, bis am Schluss alle 8 Kerzen brennen. Das soll daran erinnern, dass das wenige Öl, das sich im Tempel noch befand, 8 Tage reichte, bis neues geweihtes Öl besorgt war.

Alljährlich in der dunkelsten Nacht des Mondzyklus (zu Neumond) im November feiern die Inder das Lichterfest **Diwali**. Zahlreiche Lichter werden entzündet und als Opfer der hinduistischen Götterwelt dargebracht. Im Vordergrund steht dabei Lakshmi, die Göttin des Reichtums und des Wohlergehens. Die indischen Geschäftsleute, für die das Fest das Ende ihres Geschäfts- und Steuerjahres markiert, lassen sich diese Gelegenheit nicht entgehen, ihrer Patronin besonders reiche Opfergaben darzubringen. Sie erhoffen sich dadurch gute Geschäfte im neuen Jahr.

Buddhisten feiern das Lichterfest **Magha-puja**. Das Fest wird am Tag des Vollmondes im Februar begangen. Buddha verkündete in Vesali in Indien, dass er beschlossen habe, in drei Monaten zu sterben. Bei dem Fest werden 1.250 Kerzen entzündet. Magha-puja ist ein öffentlicher Feiertag, an dem viele Prozessionen stattfinden.

Das thailändische Lichterfest heißt **Loy Krathong**, es ist eines der schönsten und farbenprächtigsten Feste, die in Thailand alljährlich gefeiert werden. In der Vollmondnacht des 12. Mondmonats (November) verwandeln sich die Flüsse, Teiche und Ströme im ganzen Königreich in wahre Lichtergärten. Sobald es dunkel wird, versammeln sich die Thais an den Flüssen und setzen lotusförmige Bananenschiffchen, so genannte Krathongs, bestückt mit Räucherstäbchen, Münzen und flackernden Kerzen auf das Wasser. Liebespaare vertrauen den Schiffchen ihre Geheimnisse an und schwören auf ihre ewig währende Liebe. Andere glauben, dass ihre Sünden mit dem Krathong weggetragen werden. Solange wie möglich folgt das Auge den tanzenden Lichtern auf dem glitzernden Fluss. Ein thailändisches Sprichwort besagt nämlich: Je länger man das flackernde Kerzenlicht sehen kann, um so glücklicher wird das kommende Jahr werden. Der Ursprung des Festes geht auf eine Zeit zurück, als man in Thailand noch Naturgottheiten verehrte. Besonders die Reisgöttin Mai Bhosop und die Wassergöttin Mae Kongna wurden mit dem Lichterfest geehrt.

Lichterfeste –
Feiern durch die dunkle Jahreszeit

Es werde Licht!

Nr. 1

Text: S. Steffe/S. Ruisinger
Musik: S. Ruisinger

1. Überall im ganzen Land
Geh'n Millionen Lichter an
Erntefeuer, Fackelzug
Kinder mit Laternen

2. Überall im ganzen Land
Wird die Dunkelheit verbannt
Lichterketten, Kerzenlicht
Leuchten mit den Sternen

Refrain *Lichterfeste, Lichterzeit*
Vertreiben uns die Dunkelheit
Wir feiern draußen, drinnen auch
Denn das ist ein schöner Brauch

Schluss *Angst im Dunkeln hab'n wir nicht –*
Es werde Licht …

Den Sommer verabschieden – Lichterfeste im September

Spaziergang im September

Zum Zeitpunkt üppigster Früchtepracht auf Feldern, Bäumen und Sträuchern erahnen wir, dass der Sommer bald zu Ende geht. Noch scheint die Sonne und vergoldet die Landschaft. Doch bei einem Spaziergang am Morgen glitzern bereits Tautröpfchen auf Spinnfäden, die über Nacht über den Weg gesponnen wurden, und Nebel steigt aus den Tälern – beides Zeichen, dass die Sonnenscheindauer schon merklich nachlässt und es kühler wird.

Dies ist die Zeit des Altweibersommers, wie es im Volksmund heißt.

Noch zeigt sich die Natur in voller Lebenskraft, doch bald wird sie absterben, sich in die Erde zurückziehen, um nach der winterlichen Ruhephase im nächsten Frühjahr wieder zu keimen und zu wachsen. Betrachten wir einen Apfelbaum, wird uns dieser ewige Kreislauf bewusst.

Die reifen Früchte wollen im Herbst gepflückt werden, sie fallen zu Boden. Die folgenden Herbstwinde wehen sein Blätterkleid fort. Erst im nächsten Frühjahr künden uns seine Blütenknospen wieder den Frühling und die erwachende Natur an.

Die Tiere werden von der Weide heimgeholt und Insekten fressende Vögel wie Störche und Schwalben versammeln sich, um nach einem gemeinsamen Flug in den Süden wieder mehr Nahrung zu finden.

Die ersten Herbstwinde ermuntern uns, die Arme auszubreiten, als wollten wir auch fliegen.

Die kühlere Luft lässt uns besser atmen, die Augen sind nicht mehr vom Sommersonnenlicht geblendet und können die intensiven Herbstfarben besser wahrnehmen.

Maisfelder verleiten uns dazu, hindurchzustreunen und uns zu verstecken. Apfelbäume fordern dazu auf, daran zu schütteln, bis der beste Apfel auf die Erde fällt.

An Brombeerhecken naschen wir die reifen Brombeeren.

An Getreidefeldern fragen wir uns wie jedes Jahr, ob es sich um Roggen, Gerste oder Weizen handelt.

Sind die Getreidefelder schon abgeerntet, laden die Stoppelfelder dazu ein, den Wind auszunutzen und Drachen steigen zu lassen …

Fast unbewusst sammeln wir auf, was wir am Wegesrand finden, betrachten das alles als Geschenk der Natur und nehmen es mit nach Hause.

Doch geht hinaus und seht selbst!

Den September ins Haus holen

Licht ist Farbe. Das Sonnenlicht färbt Blätter und Blüten. Die Farben, die uns bei unseren Spaziergängen im September am meisten ins Auge fallen, reichen von Weizen-Gold über Sonnenblumen-Gelb und Lampionblumen-Orange bis Apfel-Rot und Brombeer-Violett.
Damit wir auch im Haus die Septemberfarben haben, binden wir Kornkränze aus Getreideähren, arrangieren Sonnenblumen und Äpfel auf dem Tisch, stellen »Stolzer Heinrich« (Goldrute) in Bodenvasen und holen so die Septembersonne ins Haus.

Brauchtum und Legenden

Der September ist die Brücke vom Sommer zum Winter, seit alters her für die Menschen die Zeit sich für die reiche Ernte zu bedanken, sich aber auch vorzubereiten auf die in der Natur folgende Ruhephase. Das Korn auf den Feldern wird geerntet, Früchte werden haltbar gemacht und weiterverarbeitet zu Säften, Wein und Marmeladen …

- **Kartoffelfeuer zu Erntedank**
  Seit Urzeiten feiern die Menschen Erntedankfeste. In vorchristlicher Zeit wurden Dankopfer in Form von Garben, die auf dem Feld zurückgelassen wurden, der Mutter Erde zum Dank gebracht. Verehrt wurde damit die Fruchtbarkeitsgöttin, bei den Ägyptern Isis, bei den Griechen nannte man sie Demeter und bei den Römern Ceres. Für die Christen nimmt Christus die Stellung ein, durch den alles geworden ist. Entsprechend wird an Erntedank der Altar mit Erntefrüchten und Ähren geschmückt. Die Naturalien werden im Gottesdienst gesegnet. Es werden Dank- und Loblieder gesungen. Danach wurde früher mit Musik und Tanz im weltlichen Rahmen weitergefeiert. Die Kerwe- oder Kirchweihfeste, die in dieser Zeit noch heute überall begangen werden, erinnern daran. Es gibt keinen einheitlichen Tag für Erntedank, weil die Ernte in unterschiedlichen Klimazonen zeitlich verschoben eingebracht wird. In unseren Breitengraden gilt das letzte September-Wochenende oder das erste Oktober-Wochenende als Termin für Erntedankfeiern. In früheren Zeiten lud der Gutsbesitzer dazu alle Mägde und Knechte zu einem festlichen Essen ein.

- **Lichterumzug zu Lamberti** (18. September)
  Kurz vor der Herbst-Tagundnachtgleiche finden wir am 18. September im Kirchenkalender Lamberti, einen Lichtertag zu Ehren des heiligen Lambertus. Der Name bedeutet »Der glänzende Landbesitzer«. Seit etwa 675 Bischof von Maastricht starb er den Märtyrertod.
  In einigen Teilen Deutschlands finden Lichterumzüge wie an Martini statt. Die Kinder bauen Lambertus-Pyramiden, um diese mit Zweigen, Laternen und Lampions zu schmücken und zu umtanzen.

- **Herbstanfang** (23. September)
  Kalendarisch beginnt der Herbst am 23. September, der Herbst-Tagundnachtgleichen. An diesem Tag sind also Tag und Nacht gleich lang. Ab diesem Tag werden die Nächte länger, die Tage grauer und wir sprechen von der dunklen Jahreszeit. Das ist der Moment, in dem sich auch die Menschen mit Licht und Dunkel auseinandersetzen und der zunehmenden Dunkelheit eigenes Licht entgegensetzen wollen.

- **Der Kampf um Licht und Dunkel an Michaeli** (29. September)
  Die Auseinandersetzung mit Licht und Dunkelheit wird durch das Fest des Erzengels Michael symbolisiert. Nach der Legende kämpft er als Engel (Lichtwesen) mit dem Schwert gegen einen Höllendrachen (Symbol der Dunkelheit). Der Erzengel Michael gilt als Schutzpatron der Kirche und in Deutschland als Schutzpatron des ganzen Volkes. Hier hat er schon früh den germanischen Gott Odin (Wotan) abgelöst. Der »deutsche Michel« als Volkspatron hat hier seinen Ursprung.

HIGHLIGHT IM SEPTEMBER

Landpartie zum Erntefeuer

Um mit den Kindern den Sommer gebührend zu verabschieden, geht es an einem schönen Spätsommertag mit Groß und Klein noch mal hinaus ins Freie mit einer zünftigen Landpartie zum Erntefeuer, zu einem septemberlichen Feuer-/Lichterfest.

Das Erntefeuer ist ein sehr alter Feuerbrauch. Auf dem Feld entfachten die Bauern früher ein Kartoffelfeuer, das lärmend umtanzt und übersprungen wurde. Sinn dieses Erntefeuers war, sich für die Ernte zu bedanken.

Die Kinder heute denken beim Verabschieden des Sommers eher an die vielen zurückliegenden Ferienerlebnisse draußen bei Sonnenschein.
Die Umgebung der Felder fordert sie noch einmal dazu auf, sich im Maisfeld zu verstecken, abseits des Festplatzes kleine Lager zu bauen oder auf dem Stoppelfeld die ersten Drachen steigen zu lassen … Automatisch, fast nebenbei ernten die Kinder Feldfrüchte, Baumfrüchte und Beeren von Sträuchern, die sie dann gemeinsam am Erntefeuer zubereiten.
Beim anschließenden Festgelage fühlen sich die Kinder dann gerade selbst wie Lambertus, als glänzende Landbesitzer.
Das Erntefeuer wird nach dem Gelage nach gutem Brauchtum natürlich lärmend umtanzt und übersprungen.
Nach Sonnenuntergang entzünden die Kinder die mitgebrachten Lampions und tragen mit ihnen, zum Ende des Festes und zum Auftakt der Lichter- und Laternenzeit, das Sonnenlicht symbolisch nach Hause.

Festvorbereitungen

Festzeit

Die Landpartie beginnt bereits am Mittag. Gefeiert wird dann »bis die Kühe nach Hause kommen«, bzw. bis es dunkel wird … Als Festzeit einen Tag auswählen, an dem die Sonne noch mal so richtig scheint. Den Festtermin vom Wetter abhängig machen – einen eventuellen Ersatztermin festlegen.

Festort

Als Festort eignet sich am besten ein Platz zwischen Feldern und Obstbaumwiesen mit angrenzenden Wäldern. In der Vorbereitungszeit wählen wir einen Standort und schauen bei der Ortsbegehung, was die Kinder beim Erntefest tatsächlich ernten können. Eventuell den zuständigen Bauern um Erlaubnis bitten, bzw. beim Forstamt die Genehmigung für ein Feuer einholen.
Natürlich kann das Fest auch im nahe gelegenen Stadtpark o. Ä. stattfinden. Für die »Ernte« sorgen die Kinder dann im eigenen Garten oder bei einem gemeinsamen Marktbesuch. Im Idealfall ist ein Picknickplatz mit Feuerstelle in der Nähe vorhanden.

Erntefeuer

Statt Reisig wurde für das Kartoffelfeuer früher Kartoffelkraut verwendet. Dieses ist um die Jahreszeit so trocken, dass es sich leicht entzündet. Heute wird es nach der Ernte der Kartoffeln meist gleich untergepflügt.

Material: Steine, Spaten, Streichhölzer, Zeitungspapier, Reisig oder – wenn vorhanden – Kartoffelkraut, kleinere Weichholzäste, dickere Hartholzäste (Buche, Eiche oder Ahorn)

Liegt der Feuerplatz auf einer Wiese, mit dem Spaten in Kreisform die Grasnarbe ausstechen und feucht aufbewahren, denn sie wird nach Verlöschen des Feuers einfach wieder eingesetzt. Steine im Kreis um die Feuerstelle legen, sie sichern das Feuer und verhindern, dass es sich ausbreitet.
Liegt die Feuerstelle in der Nähe eines Waldes, suchen die TeilnehmerInnen passende Äste und Zweige zusammen und tragen sie zur Feuerstelle.

- Das Papier zu kleinen Ballen formen und in die Mitte der Feuerstelle legen. Darüber dünneres Reisig oder Kartoffelkraut legen.
- Weichholz-Äste senkrecht locker zu einer Pyramide zusammenstellen.
- Harthölzer erst auf das Feuer legen, wenn das Weichholz gut in Flammen steht.

Ein Erwachsener zündet das Feuer an. Erst wenn das Feuer genügend Glut hat und die Flammen nicht mehr hochschlagen, kann gekocht, gegrillt und gebacken werden.

Hinweis: Das Lagerfeuer genehmigen lassen, als Untergrund festes feuchtes Erdreich wählen, zum Löschen des Feuers Sand, Wasser oder Erde bereithalten, 100 Meter zu leicht entzündlichen Stoffen einhalten (Heustöcke), Feuer erst verlassen, wenn es wieder gelöscht ist.

Die Feldküche

Material: Dreibeingrill mit Grillrost, Backbleche, Töpfe (ohne Plastikgriffe), Topflappen, Kellen, Bratenwender, Küchenmesser, Grillzangen, Fettpinsel, Alufolie, Zutaten je nach Speisezettel aber unbedingt Salz, Pfeffer, frische Kräuter (Rosmarin, Salbei ...), Olivenöl

Damit beim Erntefest die von den Kindern geernteten Früchte gleich tischfertig zubereitet werden können, wird eine Feldküche küchentauglich mit den oben genannten Utensilien ausgerüstet.

Die Erntetafel

Das Festgelage braucht eine üppige, reich dekorierte und sich vor Speisenfülle förmlich biegende Erntetafel, an der das ganze »Gesinde« gemeinsam genüsslich speisen kann ...

Material: Biergarnituren (wenn keine Holzbänke vor Ort vorhanden sind), karierte Bauerntischdecken, Kornähren, Holzbrettchen, Weidenkörbe, irdenes Geschirr (falls vorhanden), irdene Krüge, Geschirrhandtücher, Gartenlampions (so viele, wie Kinder am Fest teilnehmen), eventuell Bambusstecken und Schnur

Die Bauerntischdecken auf die Tische legen. Kornähren zu Sträußen binden und dekorieren. Die Speisen in Schüsseln oder auf Platten servieren. Das Brot auf Holzbrettern schneiden und in Weidenkörben bereit halten. Saft, Most oder neuen Wein in Krügen ausschenken.

Geschirrhandtücher für jeden als Servietten decken. – Da alle am Fest Beteiligten gemeinsam ernten, schnippeln, backen und kochen, können sie diese größeren Servietten brauchen, um ihre Finger ab und an mal von Ruß, Erde und Kleckerkram zu befreien ...

Die Gartenlampions mit Kerzen bestücken, aber während des Tages noch nicht entzünden. Das bleibt dem Abend vorbehalten. Die Lampions als Dekoration an die umliegenden Bäume hängen oder Bambusstecken im Abstand von ein bis zwei Metern in die Erde bohren, Schnur wie Wäscheleine dazwischen binden und die Lampions daran befestigen.

Der Speisezettel

Der Speisezettel ist abhängig von dem, was die Kinder am Festtag selbst ernten und verarbeiten können. Dennoch dürfen einige Dinge nicht fehlen: Auf jeden Fall muss Erntedankbrot gebacken werden (ein zusätzlich gekauftes Bauernbrot ist ratsam). Kartoffeln, wenn nicht vor Ort vorhanden, unbedingt von zu Hause mitbringen. Auf sie können wir nicht verzichten.

Erntedankbrot

Das Erntedankbrot wurde früher in Form einer Ähre gebacken und vom »Hausherrn« gesegnet.

Zutaten: 1 Würfel Hefe, 1 kg Mehl, 1 Tasse Wasser, etwas Salz und Olivenöl

Vorbereitung; Den klassischen Hefeteig (Brotteig) zu Hause vorbereiten.
Den Würfel Hefe in warmem Wasser lösen, etwas Mehl hinzufügen und verrühren. Das restliche Mehl auf eine Arbeitsplatte streuen, etwas salzen, in die Mitte mit dem Finger eine Mulde rühren.
Die aufgelöste Hefe in die Mulde geben, mit einer Gabel Hefe und Mehl verbinden, nach und nach ein Glas warmes Wasser unterkneten.
Den Teig etwa 10 Minuten kräftig bearbeiten, bis er gleichmäßig und geschmeidig ist. Mit Olivenöl die Finger vom Teig befreien. Den Teig mit den öligen Händen nochmals durchkneten, zu einem Kloß formen und abgedeckt 2 Stunden gehen lassen.

Beim Fest formen die Kinder aus dem fertigen Teig kleine Fladen, in die sie mit dem Küchenmesser eine Sonne (Ähre o. Ä.) ritzen.
Die Erntedankbrote auf ein mit Olivenöl bestrichenes Backblech legen und auf dem Grillrost über dem Erntefeuer backen.

Erntesuppe Hotch-potch

Diese Erntesuppe wird in Schottland serviert. Sie besteht dort aus frischem Fleisch und bestem Gartengemüse. Sie kann ganz nach Belieben auch mit Würstchen oder ganz ohne Fleisch bereits zu Hause oder mit Hilfe der Kinder am Erntefeuer zubereitet werden.

Zutaten: Gemüse nach Wahl (Möhren, Rüben, Zwiebeln, Bohnen, Blumenkohl, Wirsing, Erbsen …), eventuell Fleisch oder Würstchen, Brühe, Kräuter (Liebstöckel), Muskat, Salz und Pfeffer

Die einzelnen Gemüsesorten in kleine Stücke schneiden. Den Topf der Menge entsprechend mit (Gemüse-)Brühe auffüllen.
Den Suppentopf über das Erntefeuer hängen oder auf den Rost stellen.
Das Gemüse (evtl. mit einem Stück Rindfleisch) in der Brühe gar kochen. Die Suppe mit Muskat, Salz und Pfeffer abschmecken und zum Schluss mit Kräutern verfeinern.

Backblechgemüse

Wer keine Suppe kochen möchte, kann Gemüse direkt auf dem Backblech zubereiten:

Zutaten: Tomaten, Paprika, Zucchini, eventuell Schafskäse und Zwiebeln, Olivenöl, frische Kräuter

Das Gemüse klein schneiden.
Das Backblech mit Olivenöl einpinseln, mit dem Gemüse belegen, salzen und pfeffern, Kräuter darüber streuen, Zwiebelringe darüber legen und Schafskäse darüber bröckeln.
Mit Alufolie zudecken und auf dem Grillrost ca. 20 Minuten garen.

Rosmarinkartoffeln

Zutaten: gekochte Pellkartoffeln (zuhause abkochen, nicht schälen), Olivenöl, frischen Rosmarin, Salz

Ein Backblech mit Olivenöl einstreichen und mit Salz bestreuen.
Die Rosmarinblättchen vom Zweig streifen und reichlich über das Blech streuen.
Die Pellkartoffeln (mit Schale) halbieren, mit der Schnittseite nach unten auf das Blech setzen und ebenfalls mit Öl einpinseln.
Das Blech mit Alufolie abdecken und auf dem Grillrost circa eine Viertelstunde backen.

Gegrillte Maiskolben

Wenn auf dem Feld vorhanden, besorgt sich jedes Kind seinen Maiskolben selbst!

Zutaten: junge Maiskolben, Butter

Den Maiskolben entblättern, auf einen angespitzten Stecken spießen und rundherum mit Butter bestreichen. Den Kolben über die Glut halten, dabei mehrmals drehen, bis er goldbraun und gar ist (ca. 20 Min).
Eventuell mit noch etwas Butter einstreichen, mit Salz bestreuen und direkt verzehren.
Hinweis: Wem das direkte Grillen für die Kinder zu lange dauert, gart die Maiskolben in Salzwasser vor.

Beerengrütze oder Beerenmus

Die von den Kindern gepflückten Beeren direkt über dem Erntefeuer weiterverarbeiten.

Zutaten: frisch geerntete Beeren (Heidelbeeren, Brombeeren …), Zucker, Gelierzucker oder Wasser und Speisestärke

Die Beeren waschen, mit Zucker mischen und in einem kleinen Topf auf dem Rost über dem Feuer erhitzen.
Wenn die Beeren zu brodeln beginnen, mit Gelierzucker (Mus) oder mit etwas Speisestärke und Wasser (Grütze) vermengen.
Den Mus mit frischem Butterbrot, die Beerengrütze in Schälchen gleich aufessen.

Äpfel am Stock

Jedes Kind sucht sich einen passenden Stock, schabt sich mit dem Messer eine Spitze an ein Ende des Stockes und spießt daran einen frisch gepflückten Apfel auf.

Den Apfel ca. 10 Minuten übers Erntefeuer (Glut) halten, bis dessen Schale außen braun wird und der Saft zu triefen beginnt.
Jetzt ist der Apfel innen schön weich und kann gleich gegessen werden.

Erntegetränke

An Getränken gibt es der Jahreszeit entsprechend Apfelmost, Traubensaft … und für die Erwachsenen neuen Wein (Federweißer).
Wem das zu üppig ist, der trinkt einfach Quellwasser, so vorhanden.

Es ist soweit

Nr. 3

Text: S. Steffe/S. Ruisinger – **Musik:** S. Ruisinger

Refrain

Es ist soweit, denn nun ist Erntezeit
Jetzt tragten wir die Früchte
nach Haus'
Es ist soweit, ja nun ist Erntezeit –
Ein Leben ist's in Saus und Braus

2. Süß und knackig, sauer, saftig
Alles so gesund
Hopp – die Nüsse, das Gemüse
Rein in unsren Mund
Freudenfeuer, Erntetänze,
Tische reich gedeckt
Kommt und setzt euch alle her
Oh, wie gut das schmeckt!

3. Selbst die kleine Kellermaus
Feiert heut' ein Fest –
Sammelt alle Krümel auf
Schleppt sie in ihr Nest

Feld-, Wald- und Wiesen-Kurzweil

Laubhütten bauen

Unserem Erntedankfest entspricht im Judentum das Laubhüttenfest, hebräisch »Sukkot«, das nach dem Einbringen der Ernte gefeiert wird. Dabei werden Laubhütten aus verschiedenen Baumarten aufgestellt und darin gefeiert: »Das Laubhüttenfest sollst du halten sieben Tage, wenn du eingesammelt hast von deiner Tenne und von deinem Kelter, und du sollst fröhlich sein an deinem Fest …«

Die Kinder sammeln Stöcke und bauen sich um den Festplatz herum große und kleine Laubhütten. Das weitere Spiel drum herum ergibt sich von selbst und braucht von Erwachsenen gar nicht angeleitet zu werden.

Erntekränze flechten

Die Kränze können als Tischschmuck dienen oder auf dem Kopf getragen werden.

Material: Getreidehalme, Grashalme, Feldblumen, Beeren …

Aus langen (Getreide-)Halmen oder dünnen Zweigen einen Kranz flechten und diesen mit allem, was sich finden lässt, dekorieren.

Verstecken im Maisfeld

Es gibt nichts Schöneres, als in einem Maisfeld Verstecken zu spielen. Die Spielregel braucht nicht erklärt zu werden!

Variante: In kleiner Abwandlung kann die Kornmuhme (s. u.) im Maisfeld versteckt werden. Wer sie zuerst findet, darf sie in der nächsten Runde verstecken …

Kornmuhme

Garben, die vor der Ernte umfielen, ließen die Bauern für arme Leute stehen. Dies galt als Ernteopfer. Eine andere Form des Dankesopfers war eine Kornmuhme zu gestalten und diese auf dem Feld zurückzulassen.

Material: Getreidehalme, Bindedraht

Die Kinder sammeln Getreidehalme und gestalten gemeinsam die Kornmuhme. (s. Abb.). Sie brauchen vier Getreidesträuße à 20 Halme und einen Getreidestrauß à 40 Halme.

- Zwei Getreidesträuße à 20 Halme für **Kopf** und **Oberkörper** bereitlegen. Den Getreidestrauß für den Kopf unter den Ähren mit Blumendraht umwickeln und die Getreidehalme nach unten biegen und über die Ähren legen, so entsteht der Kopf. Den zweiten Strauß so legen, dass die Ähren nach unten zeigen. Den Kopf darauf legen und mit Draht daran befestigen. (s. Abb.)
- Für den **Rock** von den 40 Halmen in einer Reihe immer fünf Halme zusammenbinden. Diese acht Bündel um die Ähren des Oberkörpers legen und zusammenbinden. Durch die Ähren wird der Rock aufgebauscht und bleibt von selbst stehen.
- Für die **Arme** zwei Sträuße à 20 Halme jeweils am unteren Ende miteinander verbinden, zwischen die Halme des Oberkörpers schieben, in »Brusthöhe« abbinden und so die Arme fixieren.

Die Kornmuhme auf dem Feld stehen lassen oder im Maisfeld verstecken …

Tütendrachen

Septemberzeit ist Windzeit. Da es sehr aufwändig ist, traditionelle flugfähige Drachen zu bauen, behelfen wir uns mit den einfachen, dünnen Obsttüten aus der Obstabteilung des Supermarktes. Denn diese fliegen bei jedem Windhauch.

Material: Obsttüten (im Laden um eine Rolle bitten), Drachenschnur

Die Drachenschnur rechts und links an die Griffe binden. Die beiden Schnüre nach 50 cm zusammenbinden und daran die lange Drachenschnur knüpfen.

Drachenschwanzjagen

Bei diesem Spiel kämpft niemand allein gegen den Drachen, wie es der Erzengel Michael tat.

Material: für jeden Drachen 1 Tuch

Die Kinder verwandeln sich alle in Drachen und stellen sich immer zu dritt oder viert hintereinander auf.
Das letzte Kind in der Reihe steckt sich ein Tuch in den Hosenbund.
Auf »Los« versucht der »Kopf« eines jeden Drachen den »Schwanz« eines anderen zu erwischen …
Aber: Nur vollständige Drachen dürfen ein gefangenes Tuch auch behalten!

Spiele, Lieder und Tänze rund ums Feuer

Sind alle satt geworden und der letzte Maiskolben über dem Feuer gegrillt, heißt es den Dreibeingrill und alle anderen Küchenutensilien von der Feuerstelle räumen, denn jetzt wird die Feuerstelle zum Mittelpunkt für Spiel und Tanz, so wie es auch früher üblich war.

Feuerchen

Nr. 5

Text: S. Ruisinger/S. Steffe – **Musik:** S. Ruisinger

1. Ist die Ernte eingebracht
Wird ein Feuer angemacht
Dass es kracht und Funken sprüht
Von weitem sollt ihr's seh'n.

2. Ist das Feuer erst entfacht
Wird gefeiert und gelacht
Bis das letzte Holz verglüht
Und Zeit ist heimzugeh'n.

3. Sommer, du warst wunderbar
Komm doch wieder nächstes Jahr
Auf dein neues Blumenkleid
Sind wir schon gespannt!

4. Winter schleicht schon bald ums Haus
Packt die Eismaschine aus
Sonne hat nur wenig Zeit
Dunkler wird's im Land

Refrain
Feuerchen, bald trag ich dich
In – die – Nacht
Feuerchen, bald hast du dich
Klein – ge – macht
Für meine Kerze hol' ich mir
Das letzte bisschen Glut von dir
Ich trag dich ja so gerne
Nach Haus in der Laterne.

Feuersprung

Ist das Erntefeuer heruntergebrannt, machen sich alle bereit zur Mutprobe, dem klassischen Feuersprung. Als Vorbereitung schnappen sich die Kinder Töpfe, Kellen und alles, was tüchtig Lärm macht. Die Kinder stehen oder sitzen im Kreis um die Feuerstelle und eines nach dem anderen überspringt das Restfeuer. Die anderen unterstützen den Mutsprung mit ordentlichem Topfdeckellärm! Bei Kleineren reichen die Größeren die Hand zum Mutsprung!

Erntefest-Reigenspiel

Die Landsleute feierten um Lambertus herum ausgelassene Erntefeste und die heute noch üblichen Kirchweihfeste. Erhalten geblieben ist aus dieser Zeit das folgende Reigenlied, das Kinder in Norddeutschland noch heute am Lambertustag singen und tanzen. Meist wird dazu anstelle eines Feuers eine Lambertuspyramide (S. 28) aufgestellt, die die Kinder mit ihren Laternen schmücken.

Musik: Oh Bur, wat kost din Heu

Die Kinder stellen sich im Kreis um das Erntefeuer auf. Sie wählen sich aus dem Kreis einen Lambertus-Bauern. Dieser geht in den Kreis.
Während alle gemeinsam singen, holt der Bauer sich Strophe für Strophe aus dem Kreis seinen gesamten Hausstand zusammen, bis dieser der Reihe nach mit einem Schubs aus der Mitte geschubst wird. (Spielanweisungen s. S. 26)

Hinweis: Dieses Kreisspiel kann auch am Ende des Laternenumzuges um eine Lambertuspyramide gespielt werden.

Oh Bur, wat kost din Heu

Text & Musik: trad.

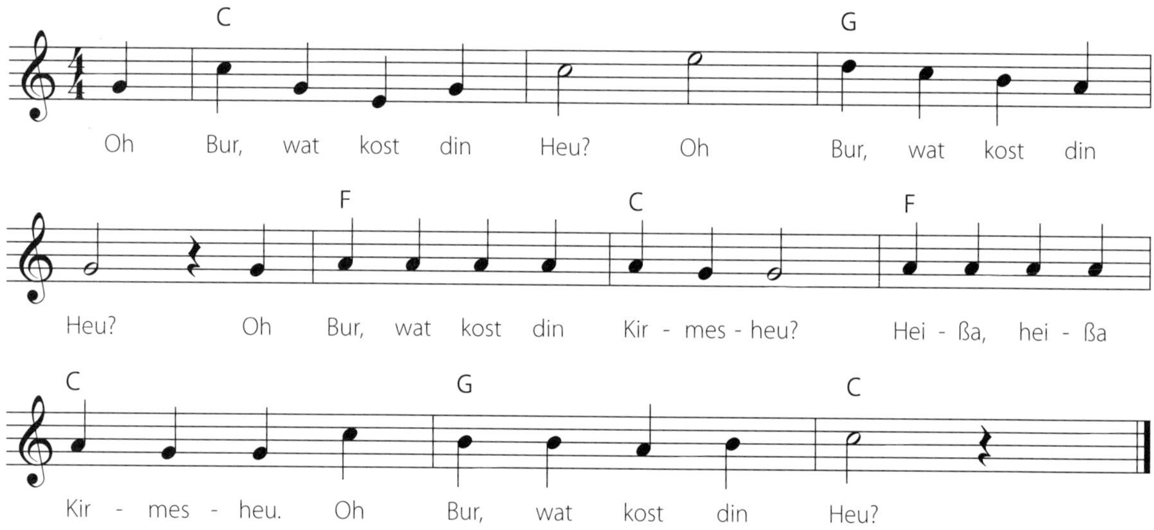

1. Oh Bur, wat kost din Heu
Oh Bur, wat kost din Heu
Oh Bur, wat kost din Kirmesheu
Heißa, heißa Kirmesheu
Oh Bur, wat kost' din Heu

Alle singen gemeinsam.

2. Min Heu, dat kostet Geld
Min Heu, dat kostet Geld
Min Heu, dat kostet Kirmesgeld
Heißa, heißa Kirmesgeld
Min Heu, dat kostet Geld

Die 2. Strophe singt der Bauer alleine, bei jüngeren Kindern helfen alle mit!

3. So nimm dir eine Frau …

Während der dritten Strophe läuft der Bauer im Kreis herum und wählt sich eine Frau. Hat die Strophe noch nicht geendet, laufen beide Hand in Hand weiter im Kreis

4. Nun setzt euch auf die Erd …

Beide setzen sich auf den Boden

5. Erhebt euch von der Erd …

Beide stehen wieder auf

6. Nun gebt euch einen Kuss

Beide geben sich einen Kuss

7. Du Frau nimm dir ein Kind!	*Bauer und Frau gehn im Kreis herum und die Frau wählt sich ein Kind*
8. Du Kind nimm dir ne Magd	*Alle laufen im Kreis, das Kind wählt eine Magd*
9. Du Magd, nimm dir nen Knecht!	*Magd wählt Knecht*
10. Nun gebt dem Bur ein'n Schub	*Alle geben dem Bauern einen Schubs, der Bauer »stolpert« zurück in den Singkreis*
11. Nun gebt der Frau ein'n Schub	*… Frau stolpert zurück in den Singkreis*
12. Nun gebt dem Kind ein'n Schub	*… Kind stolpert zurück in den Singkreis*
13. Nun gebt der Magd ein'n Schub	*… Magd stolpert zurück in den Singkreis*
14. Nun gebt dem Knecht ein'n Schub	*Alle Kinder stürmen zum Knecht und geben ihm einen Schub!*

Auftakt zum Laternelaufen

Zum Ausklang des Sommers und des ersten Lichterfestes entzündet mit beginnender Dunkelheit jedes Kind eine Laterne. Dies kann ein gewöhnlicher Gartenlampion oder eine speziell vorgefertigte Lambertuslaterne sein. Mit den Laternen geht es nun zum Abschluss des Festes mit einem Lichterzug über die Felder. Ist der Festort nicht weit weg, können die Kinder dabei gemeinsam nachhause laufen. Ist der gemeinsame Kindergarten oder Pausenhof der Grundschule in der Nähe, kann hier als Vorbereitung die Lambertuspyramide von Eltern aufgestellt worden sein und beim gemeinsamen Abschluss mit den Laternen bestückt werden.

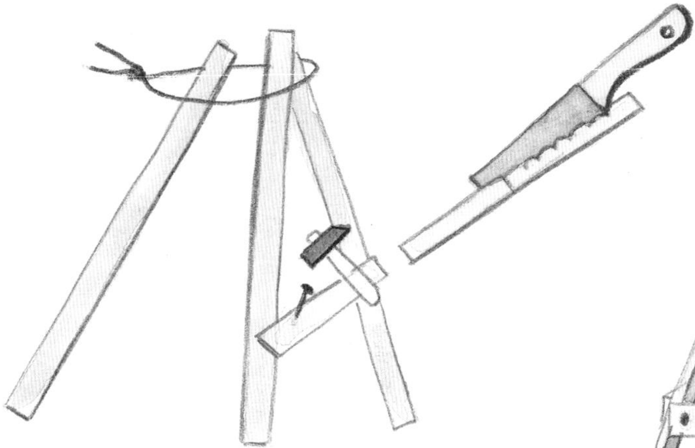

Lambertuspyramide

Material: 4 Dachlatten (ca. 3 m), grüne Zweige, Feldblumen, Draht, Blumendraht, evtl. Leiter

Drei Dachlatten mit Draht zur Pyramide binden. Die vierte Latte in drei Teile sägen und zur Stabilisierung als Querstreben an der Pyramide befestigen. Mit Blumendraht grüne Zweige und Feldblumen girlandenartig um die Hölzer herum wickeln.

Hinweis: Die leuchtenden Laternen werden während des Tanzens und Singens mit den Stöcken in die fertige Pyramide gesteckt. Mit einer Leiter können die Laternen auch ganz oben in der Pyramide befestigt werden.

Laterne, Laterne

Nr. 24
Text & Musik: trad.
Bearbeitung: D. Ferber

1. Laterne, Laterne
Sonne Mond und Sterne!
Brenne auf mein Licht
Brenne auf mein Licht
Aber nur meine liebe
Laterne nicht!

2. Laterne, Laterne
Sonne Mond und Sterne
Sperrt ihn ein den Wind
Sperrt ihn ein den Wind
Er soll warten, bis wir
zu Hause sind!

3. Laterne, Laterne
Sonne Mond und Sterne
Bleibe hell mein Licht
Bleibe hell mein Licht
Denn sonst strahlt
meine liebe Laterne nicht!

Lambertuslaterne

Als Lambertuslaterne eignet sich zum Beispiel eine Kleisterpapierlaterne, die entsprechend zur Jahreszeit als Erntekörbchen gestaltet ist.

Material: 1 Luftballon, buntes Transparentpapier, Kleister, Schüsseln, Schere, Klebstoff, Blumendraht, Nadel, Laternenstecken, Teelicht und Musterklammer

- Zuerst einen klassischen Kleisterpapierballon herstellen:
  Den Kleister nach Packungsangabe mit Wasser anrühren. Das Transparentpapier in handtellergroße Stücke reißen. Den Luftballon aufblasen, verknoten und mit dem Knoten nach unten auf eine Schüssel setzen. Den Luftballon mit den Händen mit Kleister bestreichen. Darauf die Stücke aus Transparentpapier kleben, so dass sie immer überlappen. Dann wieder mit Kleister bestreichen. Je mehr Schichten Transparentpapier übereinander geklebt werden, umso stabiler wird die Laterne.
- Den Ballon 2–3 Tage trocknen lassen. Mit der Schere 10 cm vom Knoten entfernt ein Loch schneiden. Der Ballon platzt und zieht sich in sich zusammen. Mit der Schere einen geraden Rand schneiden und die Reste des Luftballons vorsichtig aus der Laterne entfernen.
- Wahlweise Obst und Gemüsesorten auf die Laterne zeichnen, ausschneiden und mit einfarbigem Transparentpapier hinterkleben (z. B. blau oder lila für Pflaumen, gelb für Mais, rot für Äpfel …)
- Die Kerze aus dem Teelicht entfernen. Mit der Schere ein kleines Loch in den Boden der Aluminiumhülle bohren. Die Musterklammer durch die Aluminiumhülle und durch den Boden der Laterne stecken. Die Enden der Musterklammer aufbiegen. So hat die Kerze in der Laterne einen guten Halt. Das Teelicht wieder in die Aluminiumhülle stellen.
- Mit der Nadel am Rand zwei sich gegenüberliegende Löcher bohren. Hierdurch einen Blumendraht von ca. 30 cm fädeln, den Draht 2 cm durch jedes Loch führen und die Enden um die Drahtaufhängung wickeln. In der Mitte den Blumendraht so verdrehen, dass eine kleine Schlinge entsteht. In diese Schlinge den Draht des Laternensteckens hängen.

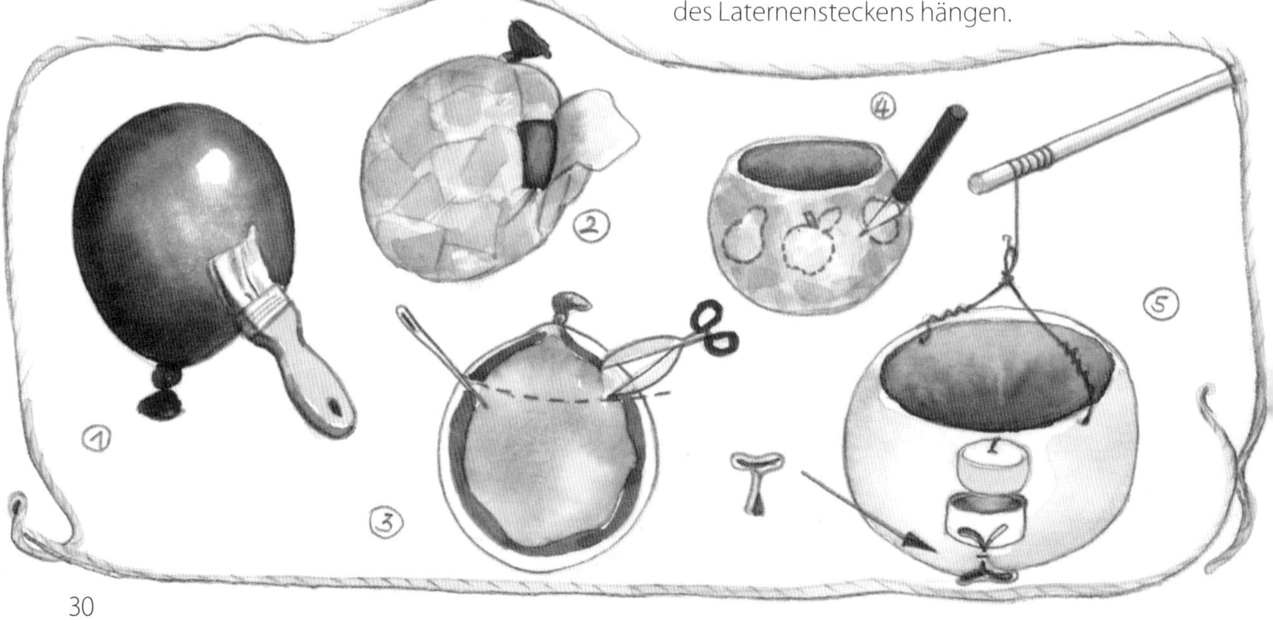

Die dunkle Jahreszeit begrüßen – Lichterfeste im Oktober

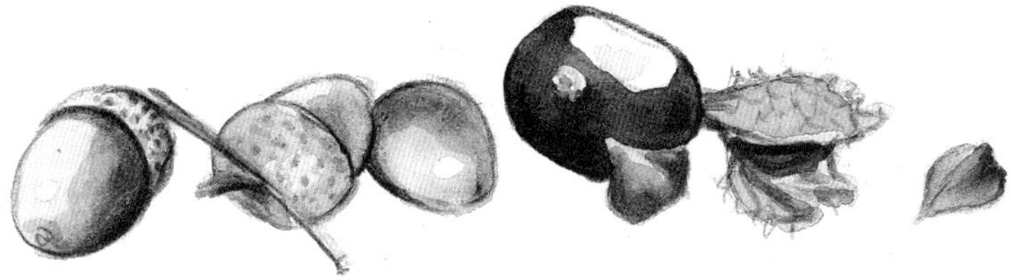

Spaziergang im Oktober

Nach kräftig weißen Nebelschwaden am Morgen zeigt sich der »goldene Oktober« bei gutem Wetter von seiner besten Seite – in der leuchtenden Blätterpracht der Laubbäume. Die Sonne schickt uns ihre letzten Strahlen als goldenes Licht, doch ihre Wärme wird schwächer und die Tagestemperaturen gehen merklich zurück.
Bei einem Spaziergang im Wald ist unter Laubbäumen der Boden vergoldet von gelben Blättern. Mit den Füßen streifen wir durchs Herbstlaub und wirbeln es – wie der Wind – tüchtig auf.
Rechts und links des Waldweges wird es dunkler und erdiger. Die Natur zieht sich aus den Blätterkronen der Bäume zurück ins Erdreich. Viele kleine Helfer wie Käfer, Würmer und Getier sind am Boden unter der Blätterschicht beschäftigt heruntergefallenes Laub in die Erde zu schaffen, den Boden mit neuen Nährstoffen anzureichern und aufzulockern.
Wildschweine pflügen auf der Suche nach Eicheln den Waldboden auf, Eichhörnchen sind damit beschäftigt Vorräte anzulegen, indem sie Baumfrüchte vergraben. – So entsteht aus manchem verbuddelten und vergessenen Samen ein neuer Baum.
Nach der Feldernte im September beginnt nun die Waldernte. Alles, was wir finden, sammeln wir ein, um den Oktober in unser Haus zu holen.
Bei einem Spaziergang können wir uns leicht kleine Wurzeltrolle und erdige Waldzwerge vorstellen. Heckenrosen am Wegesrand halten noch die letzten Hagebutten für uns bereit. Hier und da liegen feuchte Rindenstückchen, Pilze schießen aus dem Boden und vermehrt finden wir Stellen mit Moos, da es häufiger regnet.
Auf dem Waldweg finden wir Eicheln, Kastanien, Bucheckern.
Manches in dieser Zeit ist auch ein wenig gruselig. So kommen die großen schwarzen Spinnen nun in unser Haus, Baumwurzeln ragen schon mal verkehrt herum aus der Walderde, anscheinend umgeworfen von Wildschweinen.
Kleinere Wurzelstöcke können wir auch für unsere Dekoration brauchen …
Doch geht hinaus und seht selbst!

Den Oktober ins Haus holen

Mit Kastanien, Bucheckern, Eicheln, Moosen und Rinden halten auch Wurzelzwerge und Rindenwichte Einzug in unser Haus. Denn aus den Naturmaterialien bauen wir Zwergenbehausungen, aus den Waldfrüchten Gnome und Wichte nach Belieben. Mit den waldigen Gesellen hält auch ein erdiger, moosiger Geruch Einzug, passend zur Jahreszeit.
Ansonsten sind die Farben erdigbraun, die Abschiedsfarbe, mit der der Sommer nun endgültig gegangen ist. Heidekraut in erdigen Rottönen verstärkt den Eindruck.
Nur Kürbisse setzen helle, orangefarbene Lichtpunkte. Kein Wunder, denn sie spielen im Oktober ja auch eine Hauptrolle als Kürbisgeister.

Brauchtum und Legenden

Mit dem Oktober geht das Landwirtschaftsjahr zu Ende. Die Pflanzen ziehen sich in die Erde zurück. Die Wachstums- und Reifephase ist für dieses Jahr abgeschlossen, alles im Sommer gewachsene Grün stirbt ab. Dies ist die Schwelle zur Winterzeit, zur Ruhephase im Pflanzenreich.

Zwar beginnt heute bei uns der Winter kalendarisch erst am 21. Dezember, bei den Kelten und Germanen begann er jedoch mit dem Ende der Vegetationszeit im Oktober. Nach dem Abschied vom Sommer im September beginnt nun unmissverständlich die dunkle Jahreszeit.

- **Schutzengelfest** (2. Oktober)
  Pünktlich zum Beginn des Monats schickt uns der Himmel Schutzengel als himmlische Begleiter durch die dunkle Jahreszeit. Das deutsche Wort Engel entspricht dem lat. *angelus* und bezeichnet einen Boten Gottes. Der Schutzengel vermittelt Zuversicht, Sicherheit und Geborgenheit.

- **Halloween** (31. Oktober)
  Kelten und Germanen glaubten, dass die Seelen der im Jahr Verstorbenen an Halloween in das Land der Toten wandern.
  Zu Halloween wurden früher im Haus alle Feuer gelöscht zum Zeichen dafür, dass das alte Jahr gestorben war. Das neue Jahr begann mit dem Entzünden des Feuers am nächsten Tag am 1. November. So war die Nacht zwischen dem alten und neuen Jahr von tiefen Geheimnissen durchzogen. Im Freien wurden große Feuer entzündet. Die Feuer sollten den guten Seelen den Weg weisen und die bösen Geister vertreiben bzw. vom Haus fernhalten.
  Zum Übergang des keltischen Brauchtums in christliche Feiertage kam es nach dem Sieg der Römer über die Kelten. Viele Kelten hielten weiterhin an ihren Bräuchen fest; so auch an ihrem Feiertag Samhain, bei uns bekannt als Halloween. Papst Gregor IV. verordnete im Jahre 837, die Bräuche der Bekehrten zu »christianisieren«, anstatt sie abzuschaffen. Im Kirchenjahr wird das Fest nun als Allerheiligen am 1. November gefeiert, den verstorbenen Seelen gedachte man von nun an erst am 2. November. Den verstorbenen Angehörigen stellt man ein Kerzenlicht auf das Grab.

HIGHLIGHTS IM OKTOBER

Halloween für große Geister – Laternenfest für Zwerge

Das zweite Lichterfest ist der Dunkelheit gewidmet. Das ist gar kein Widerspruch, denn wo Licht ist, ist bekanntlich auch Schatten und im Schatten wurden schon immer auch Schattenwesen befürchtet. Die Auseinandersetzung mit Licht und Dunkelheit ist das zentrale Thema der Lichterfeste überhaupt.

Natürlich braucht es Mut, sich der Dunkelheit zu stellen, und das ist Thema der Lichterfeste im Oktober. Mit dem Einzug der schwarzen Spinnen ins Haus häufen sich Mutproben und Gruselpartys. Entsprechend feiern die Größeren und Mutigeren eine Gruselparty an Halloween.
Das ist natürlich gar nichts für schwache Nerven und die Jüngeren widmen sich lieber der märchenhaften und überschaubaren Welt der Zwerge (s. S. 45), deren Hauptwirkungszeit ebenfalls in diese Zeit fällt.

Halloween für große Geister

In einem vorher selbst dekorierten Geisterhaus treffen sich die Kinder als Geister, Gespenster und Gelichter, um nach einem Gruselbüffet jede Menge Dunkelspiele und Geistertänze zu wagen. Der Höhepunkt des Festes ist ein gemeinsamer Gespensterumzug mit Radau, bei dem dann auch die Nachbarn von den Geistern nicht mehr verschont bleiben – sofern sie nicht noch im letzten Augenblick Süßkram opfern, um die aufgebrachte Geisterschar zu besänftigen. Tun sie das nicht, denken sich die Geisterkinder so manchen Schabernack aus … Zum Abschluss wird dann die »Beute« gerecht geteilt und auf dem Nachhauseweg erzählen die Kinder untereinander oder den Eltern noch mal »begeistert« vom Mummenschanz.

Festvorbereitungen

Festzeit

Als Festbeginnen wählen wir die Stunde zwischen Tag und Nacht, wenn sich mit beginnender Dämmerung das Gelichter aus den Ecken traut …

Festort

Gefeiert wird im Haus. Das Haus war bei unseren Vorfahren dunkel, um nicht zu einladend für Geister zu sein. Damit der Gruselschauer sich erhöht, sorgen ein paar Tricks für zusätzliches Gruselambiente.
Schon von weitem erkennt man das Geisterhaus an seiner gespensterhaft leuchtenden Kürbisfratze am Eingang des Hauses.

Das Zimmer mit allen Gruselelementen ausstatten, die greifbar oder leicht anzufertigen sind. Da können Leintuchgespenster von der Decke hängen, Gruselmasken aus verborgenen Ecken hervorlugen …

Tipp: Eine Schwarzlichtlampe taucht den Raum in bläuliches Licht und das gespenstische daran: weiße Materialien schimmern bläulich und Zähne blinken gelblich.
Mit diesem Licht leuchten baumwollene oder fluoreszierende Spinnennetze, Gespenster aus Baumwolle oder Leinenstoff und alle Dinge, die mit fluoreszierender oder phophoreszierender Farbe bemalt wurden. Auch die Kleider der Gäste leuchten unter den genannten Voraussetzungen.

Das Geisterhaus

Material: weiße Leintücher, weiße Wolle, Watte und Plastikspinnen, wenn vorhanden Schwarzlichtlampe, fluoreszierende Materialien

Damit ein Haus aussieht, als sei es schon jahrelang verlassen, weiße Leintücher zum Abdecken aller Sofas und Sitzgelegenheiten verwenden. Das sieht gespenstisch aus und ist noch praktisch dazu …
In allen Zimmerecken, schräg über die Fenster oder in den Türrahmen – eben überall, wo es Spinnen einfallen könnte ein Netz zu spinnen – selbst ein solches mit Wolle knüpfen:

- Die Grundfäden über Kreuz an alle möglichen Haltepunkte binden (Fenstergriffe, Regale, Balken und Türklinken, Bettpfosten …).
- Im mittleren Fadenkreuz spiralförmig Kreise nach außen »weben«.
- Watte auseinander zupfen und stellenweise darüber hängen. Mit Plastikspinnen »beleben«.

Kürbislaterne

Material: 1 großer Kürbis, Brotmesser, scharfes kleineres Messer, 1 Esslöffel, Teelichte

Den oberen Teil des Kürbisses mit einem Brotmesser abtrennen (Erwachsener). Den Kürbis mit dem Esslöffel innen völlig aushöhlen.
In die gleichmäßige Seite des Kürbisses mit dem kleinen Messer ganz nach Belieben Augen, Nase und Mund einritzen. Etwa 4 Teelichte in den Kürbis stellen und entzünden.
Stellen wir den Kürbis draußen auf ein kleines Mäuerchen, so wirkt das Licht durch die Augenhöhlen recht gespenstisch.

Die Festtafel

Die Festtafel mit dunklen Stoffen, Wurzeln, Moos und verrottetem Laub dekorieren …

Speisezettel

Traditionellerweise werden bei einem Halloweenfest Kartoffel- und Kürbisspeisen verzehrt. In die Speisen wurden Ringe, Knöpfe, Fingerhüte und Münzen gebacken. Daraus entwickelte sich der Brauch, den Speisen gruselige Formen, Dekorationen und gruselige Namen zu geben. Beliebt sind bei Gruselpartys alle möglichen Glibberspeisen und Getränke mit Spinnen und Mäusen aus dem Süßwarenladen. Hier drei »Klassiker«:

Kartoffelsuppe mit »Fingereinlage«

Zutaten: 2,5 kg mehlig kochende Kartoffeln, einige Karotten, 1 Lauch, etwas Sellerie, Petersilie, Würstchen (wer vegetarisch bleiben will, präpariert für jedes Kind entsprechend eine gekochte Karotte), Mandelplättchen, Salz, Pfeffer, Muskat, etwas Butter zum Verfeinern

Das Gemüse putzen, schälen und klein schneiden. Werden statt der Würstchen Karotten in der Suppe gereicht, diese schälen, nicht zerkleinern und mitkochen.
Alles in 1,5 l Gemüsebrühe gar kochen. Die Karottenstifte herausnehmen. Die restliche Suppe mit Kartoffelstampfer oder Pürierstab pürieren. Mit den Gewürzen abschmecken.
An jedes Ende der Würstchen/Karotten ein Mandelplättchen seitlich unter die Haut schieben, so entsteht der Eindruck, dies seien Fingernägel. Die Würstchen/Karotten dann in der Mitte teilen.
Zu jeder Portion Suppe gibt es einen »abgehackten« Finger und etwas Petersilie.

Kürbissuppe »Vampirblut«

Zutaten: 1 kg Kürbisfleisch oder Karotten, 1 Zwiebel, 1–3 Zehen Knoblauch, etwas Butter, 1 EL brauner Zucker, 1,5 l Gemüsebrühe, Salz, Pfeffer, Muskat, etwas Ingwer, evtl. Creme fraiche und frische Kresse, Kürbiskerne, Weißbrot

Das Kürbisfleisch in Würfel schneiden, ersatzweise die Karotten schälen und in Scheiben schneiden.
Zwiebel und Knoblauch klein schneiden und in Butter dünsten, Kürbis oder Karotten dazugeben, mit dem braunen Zucker mischen und so lange rühren, bis sich der Zucker aufgelöst hat.
Die Gemüsebrühe angießen und alles köcheln lassen, bis das Gemüse weich ist (ca. 20 min).
Die Suppe mit dem Pürierstab oder Kartoffelstampfer pürieren. Mit Gewürzen kräftig abschmecken, die Kürbissuppe im Kürbis auf das Buffet stellen! Zum Servieren ein Löffelchen Creme fraiche auf

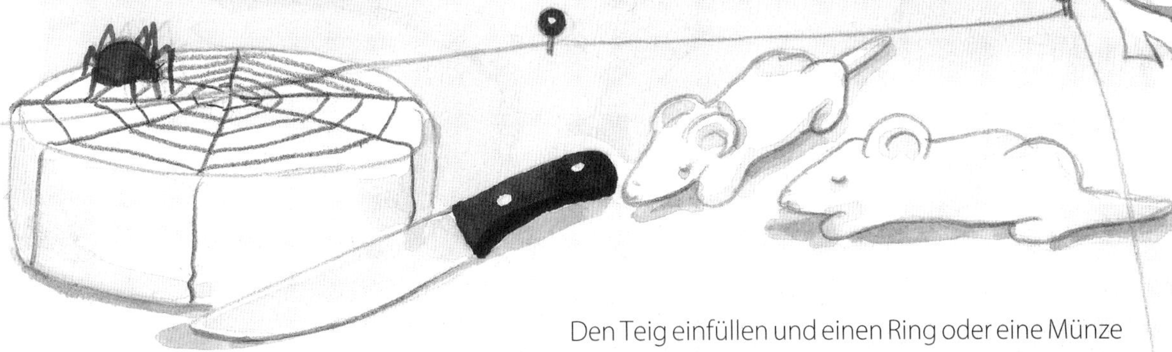

jede Portion in die Mitte des Tellers klecksen und mit frischer Kresse bestreuen.
Zur Suppe frisches oder geröstetes Weißbrot reichen.

Die Kürbiskerne waschen, auf dem Kuchenblech verteilen, etwas ölen und salzen und im Backofen 15 Minuten bei mittlerer Hitze rösten.
Schmeckt prima zur Suppe.

Kürbiskuchen »Pfui Spinne«

Zutaten: 800 g Kürbis oder Karotten,
500 g Mehl, 500 g brauner Zucker, etwas Öl,
4 Eier, etwas Salz, 1 Backpulver, 2 TL Zimt,
100 g gemahlene Mandeln
für die Glasur: Puderzucker, 1 Zitrone,
Schokoguss in der Portioniertüte
zusätzlich: 1 Ring oder Münze, 1 Plastikspinne

Das Kürbisfleisch in Würfel schneiden, ersatzweise die Karotten schälen und raspeln. Eier, Öl und Zucker lange rühren.
Das Mehl mit dem Backpulver mischen und dazugeben.
Die Mandeln, Salz und Zimt dazugeben, zum Schluss die Karotten bzw. das Kürbisfleisch unterheben.
Eine runde Kuchenform ausbuttern und mit Mehl bestäuben.

Den Teig einfüllen und einen Ring oder eine Münze im Teig verstecken. Bei 160 °C eine gute Stunde backen, vor dem Rausholen mit der Stricknadel prüfen, ob der Teig noch klebrig ist!

Für den Guss den Puderzucker mit dem Saft einer Zitrone glatt rühren und über den erkalteten Kuchen gießen.
Ist die Glasur fest geworden, Schokoglasur im Wasserbad erhitzen, eine kleine Ecke des Plastiktütchens wegschneiden und mit der Schokoglasur ein Spinnennetz auf den Kuchen malen. In die Mitte des Kuchens dick und fett eine selbst gebastelte oder gekaufte Spinne setzen …
Wer beim Verzehr den Ring oder die Münze findet, darf das Fundstück behalten und sich was wünschen – vielleicht geht der Wunsch in Erfüllung.

Kaltes Händchen

Wer seine Mixgetränke aus diversen Säften und Sirup geisterhaft dekorieren möchte, dem wird folgender Serviervorschlag gefallen:

Zutaten: Wasser, Gummihandschuh
(Einmalhandschuh)

Wasser in den Gummihandschuh füllen, diesen zubinden und das Wasser im Eisfach gefrieren lassen. Kurz vor dem Servieren den Gummihandschuh vom Eis abziehen.
Die »kalte Hand« lässt aus jeder Bowle einen Geistertrunk entstehen!

Schräge Gesellen und Lumpenpack

Schon unsere Vorfahren verkleideten sich als schreckliche Gestalten, um die Geister zu vertreiben. Dieses Ritual ging von Erwachsenen auf Kinder über.
Grundsätzlich eignet sich als Verkleidung für eine Halloweenparty alles, was scheußlich aussieht. Beliebt sind mit Spinnengetier (Plastikspinnen) dekorierte Haare und Umhänge. Vampirzähne aus Plastik oder auf dem Kinn mit Schminke aufgemalt, sorgen für geisterhaftes Lächeln. Abgerissene Klamotten, die mit Mehl oder künstlichen Spinnenweben aufgepeppt sind, erhöhen den leisen Schauer beim Wiedertreffen alter Freunde …

Gespenster & Co.

Material: weiße Leintücher oder alte Bettbezüge, Hanfschnüre, alte Schlüssel oder Ketten, alte Mäntel, Kartoffelsäcke, Mehl, Stöcke, Tücher, alte Röcke, Kopftücher und Besen, Stifte und Scheren zum verändern der alten Sachen, Schminke fürs Gesicht

- Aus einem Leintuch entsteht mit ein paar Handgriffen ein **Gespenst**: aus dem Stoff Augenhöhlen ausschneiden, einen Strick um den Bauch binden und daran einen Schlüsselbund befestigen.
- Schnell kann ein mittelalterlicher **Bettler** wieder auferstehen: aus Kartoffelsäcken Streifen schneiden und um die Schuhe wickeln, den alten Mantel mit Mehl einstäuben, in einem Kopftuch Hab und Gut verstauen und an einen Stock binden.
- Kleine **Hexen** ziehen einfach sieben Röcke übereinander, binden das Kopftuch um die Ohren und schon können sie im Nachtwind auf ihrem Besen reiten.
- **Graf Dracula** reichen ein schlichter schwarzer Umhang und adelsblasse Wangen, die mit ein wenig weißer Schminke aufs Gesicht gepudert wurden …

Halloween is coming soon

Nr. 7

Text & Musik: Britisches Kinder-Traditional
Bearbeitung: D. Ferber – **dt. Text:** D. Ferber

1. Halloween is coming soon
Coming soon, coming soon
Halloween is coming soon
Oh, what fun!

2. Black cats sitting on a fence
On a fence, on a fence
Black cats sitting on a fence
Meow! Meow! Meow!

3. Owl's a-hooting in the trees
In the trees, in the trees
Owl's a-hooting in the trees
Whoo! Whoo! Whoo!

4. Witches flying on their brooms
On their brooms, on their brooms
Witches flying on their brooms
Eee! Eee! Eee!

5. Jack o'Lanterns grin at you
Grin at you, grin at you
Jack o'Lanterns grin at you
Oh! Oh! Oh!

1. Hallo, bald ist Halloween
Halloween, Halloween
Hallo, bald ist Halloween
Was für´n Spaß!

2. Schwarze Katze auf dem Zaun
Auf dem Zaun, auf dem Zaun
Schwarze Katze auf dem Zaun
Miau, miau, miau

3. Kleines Käuzchen ruft im Baum
Ruft im Baum, ruft im Baum
Kleines Käuzchen ruft im Baum
Huuu, huuu, huuu

4. Hexe auf dem Besen fliegt
Besen fliegt, Besen fliegt
Hexe auf dem Besen fliegt
Iiii, iiii, iiii

5. Grinst dich an ein Kürbisgeist
Kürbisgeist, Kürbisgeist
Grinst dich an ein Kürbisgeist
Oh, Oh, Oh!

Schauriger Zeitvertreib für dunkle Gestalten

Dunkle Gestalten lieben schaurige Geräusche, Spiele, Lieder und Tänze. Damit sie sich alle im Geisterhaus recht wohl fühlen, ist ein wenig Vorbereitung nötig.

Gruselgeräusche

Für schaurige Geräusche sorgt eine selbst aufgenommene Gruselkassette. Sie untermalt dann auch die Geisterdisko und den Gruselspaß in der Geisterbahn (siehe unten).

Material: Kassettenrecorder, Mikrofon

Alltägliche Geräusche werden im Dunklen leicht zu Gruselgeräuschen, denn auch die Fantasie spielt mit!
Eine Kassette mit einzelnen oder kombinierten Geräuschen aufnehmen.

Möglichkeiten:
Schritte auf Holzboden, Glasklirren, Kettenrasseln, knisterndes Papier, Türschlagen, Staubsaugergeräusch, Hintergrundgeräusche, Töpfe, die aneinander geschlagen werden, knisternde Folien, Stimmengeräusche wie Schreie, Flüstern, Kichern, Klopfgeräusche auf Holz, das Laufen eines Wasserhahnes, Toilettenspülung …

Die Geisterdisko

Material: Musikanlage, aktuelle Hits nach Wahl der Kids, Gruselgeräusche vom Band, Mikrofon, evtl. Schwarzlicht

Ein DJ, ausgestattet mit gutem Musikgeschmack und persönlicher Autorität, spielt die neuesten Hits und mischt sie mit Gruselgeräuschen vom Band oder selbst gemachten per Mikrofon!
Achtung: Viele Köche verderben den Musikbrei. Wünsche der TänzerInnen können natürlich in angemessener Reihenfolge und Warteliste Berücksichtigung finden …

Spinnentanz

Material: Musik aus der Geisterdisko, weiße Wolle, evtl. Schwarzlichtlampe
Hinweis: Ist eine Schwarzlichtlampe vorhanden, sehen alle Beteiligten besser, wie das Spinnennetz langsam wächst.

Alle tanzen miteinander frei im Raum. In der Mitte steht mit verbundenen Augen die Spinne mit dem Wollknäuel. Beginnt die Musik, gibt die Spinne das Knäuel in die Runde. Während des Tanzes wird das Wollknäuel kreuz und quer von einem zum anderen gereicht. Jeder versucht einen Faden des Wollknäuels zu erlangen, bis alle in einem großen Spinnennetz gefangen sind …
Alle TänzerInnen müssen nun ganz still stehen bleiben und langsam das Spinnennetz gemeinsam auf den Boden legen. Liegt das Netz auf dem Boden schleichen alle aus dem Netz heraus. Dabei darf kein Geräusch entstehen, damit die große Spinne nicht geweckt wird!
Bemerkt die Spinne, dass das Netz fertig ist, nimmt sie die Augenbinde ab und fängt sich ihre Beute. Wer gefangen wird, ist in der nächsten Runde die Spinne!

Geister rufen

Alter Aberglaube erzählt, dass ein Kreidekreis vor Geistern schützen kann. Wer also Geister rief, der musste sich zuerst in einem Kreidekreis in Sicherheit bringen.

Material: Musik aus der Geisterdisko, Kreide (Klebeband)

Vor dem Tanzspiel werden verschiedene Kreidekreise auf dem Tanzboden markiert. Beginnt die Musik, tanzen alle wie wild durch den Saal. Ruft die Spielleitung »Geister herbei«, müssen alle Tanzenden ganz schnell in die Kreidekreise springen und laut rufen: »Wir sind frei!« Danach geht's weiter mit Musik. Wer will, kann nach und nach die Kreidekreise entfernen, damit zum Schluss alle Kinder sich in einem Kreidekreis tummeln …

Gruselpolonaise

Material: stabiler Stock (1,50 m Länge) oder Besenstiel, beliebige Discomusik

Alle Kinder tanzen im Raum umher zur Musik. Stoppt die Musik, dann bilden sie schnell Paare und stellen sich als Reihe hinter der Spielleitung (dem Zeremonienmeister) auf.
Der Zeremonienmeister klopft zweimal mit seinem Stock auf den Boden und begrüßt nacheinander jeweils Graf und Gräfin mit ihrem (Fantasie-)Namen. Stellt er »Graf Dracula« vor, rennen alle schreiend auseinander.
Wer von »Graf Dracula« gebissen wird, ist neuer Zeremonienmeister. Die Musik beginnt von vorne …

Die Geisterbahn

Dies ist eine selbst gemachte Geisterbahn im Dunkeln. Eigentlich ist gar nichts Grusliges drin, aber schon die Vorstellung allein spielt der Fantasie manchen bösen Streich – und im Dunkeln blüht die Fantasie!

Material: Tische, Ackerfolie (Landhandel), dickes Seil, Wolle, alle möglichen Gegenstände zum Ertasten (Naturmaterialien wie Moos …, kalte Nudeln, Plastik-Riesenspinnen …), CD-Player, selbst gemachte Gruselgeräusche vom Band, elektronische Tierstimmen und Schütteldosen …

Raumvorbereitung

Den Raum gut abdunkeln. Die Raummitte sollte leer sein, deshalb alles Störende zur Seite räumen und mit Ackerfolie gut abdecken, damit sich niemand verletzen kann. Mit Tischen und Seilen einen Parcours aufbauen, der die BesucherInnen blind durch den Raum führt. Alle Tische mit Ackerfolie abdecken.

Auf den Tischen Moos, kalte Nudeln, Glibberkram, mit Sand gefüllte Gummihandschuhe, Spinnen … – eben alles, was der Haushalt und die eigene Gruselkiste hergeben – verteilen.

An die dazwischen hüfthoch gespannten Seile, an denen sich die Besucher entlang hangeln, alle Dinge befestigen, die sich sonderbar anfühlen, wenn man sie im Dunkeln nicht leicht erkennt: feuchte Tücher, Kuscheltiere, Watte, Schaumstoff, Plastiktüten, einen Schwamm, verschiedene Stoffe, Sandpapier, Gummitiere etc. Tipp: Besonders eklig fühlt es sich an, wenn etwas Feuchtigkeitscreme auf das Seil gestrichen wird.

An der Decke ebenfalls Dinge befestigen, die einen notwendigerweise streifen, will man zum Ausgang gelangen. Hierzu eignen sich verschieden lange Wollfäden, in Streifen geschnittene Mülltüten, Perlenvorhänge etc.

Hinweis: Es versteht sich von selbst, dass die Geisterbahn ohne die Gäste in einem separaten Raum vorbereitet wird!

Besuch der Geisterbahn

Die Unerschrockenen stehen vor der Tür – sie kennen die Raumgestaltung nicht. Die Spielleitung stellt die Geräusche-Kassette an. Das Licht wird gelöscht. Die ersten Besucher werden eingelassen.

Sie tasten sich an den Materialien entlang und suchen gemeinsam den Weg durch das Labyrinth zurück zum Ausgang.

Ihre »Aufschreie« werden die draußen Wartenden keinesfalls beruhigen …

Gespensterumzug

Zum Abschluss der Halloween-Party gibt es natürlich auch einen passenden Dunkelumzug mit Radau – einen wahrhaftigen Gespensterumzug.
Bei solch einem Gespensterumzug gibt es sonderbare Gespensterlichter und jede Menge Krach- und Gruselgeräte. Außerdem nimmt sich jeder einen Beutel oder zumindest große Manteltaschen mit, denn beim Halloweenumzug ist Betteln erlaubt und überall, wo eine Kürbisfratze am Hauseingang steht, darf gebettelt werden … Dieser so genannte Heischebrauch an Halloween ist bekannt als »Trick or treat«, in der Übersetzung »Streich oder Geschenk«. Wer den umherziehenden Geistern nichts gibt, der läuft Gefahr, dass ihm ein Streich gespielt wird.

Bettelverse

Damit auch die Letzten merken, um was es den Kindern an Halloween geht, hat das Geister- und Lumpenpack auch Bettelverse auf den Lippen. Eingebürgert hat sich inzwischen der Spruch:
»Gebt uns Süßes, sonst gibt's Saures!«
Hier eine neue Variante:

Schaut doch mal ans Fenster
Da zappeln die Gespenster
Wir kommen her als Geisterpack
und treiben manchen Schabernack!

Mit welchen Scherzen diejenigen, die gar nichts geben wollen, bedacht werden, ist allein Sache der Kinder!

Jack's Laterne

Jack war der Legende nach ein Trunkenbold aus Irland, der aufgrund seiner untugendhaften Lebensweise an seinem Lebensende nicht für den Himmel vorgesehen war. Als der Teufel ihn holen wollte, schaffte es Jack aber immer wieder, durch List zu entkommen. Als Jack nun endlich lebensmüde war, trat er freiwillig vor das Höllentor, doch der Teufel wollte nichts mehr von ihm wissen. So muss Jack noch heute an Halloween heimatlos bei den Menschen herumgeistern. Nur ein bisschen Glut vom Höllenfeuer in einer ausgehöhlten Futterrübe erhellt spärlich seinen Weg.

Material: Zucker- oder Futterrüben (vom Bauern), stabiles Küchenmesser, Löffel

Zuerst die Spitze der Rübe abschneiden, entweder gerade oder in Zick-Zack-Linien. Mit dem Küchenmesser das Fruchtfleisch lockern, mit dem Löffel das Innere herausschaben.
Wie bei einem Kürbis Augen, Nase und Mund nach Belieben in eine Seite der Rübe schnitzen, hierdurch scheint später das Kerzenlicht.
Ein Teelicht auf den Boden der Rübe stellen.

Leuchtgespenst

Gewöhnliche Laternen sind an Halloween natürlich verpönt! Wer wird aber was gegen ein kleines Leuchtgespenst einzuwenden haben? Schließlich sollen an diesem Abend Gespenster ja vermehrt unterwegs sein.

Material: weiße Kleisterpapierlaterne (Anleitung S. 30), schwarzer, dicker Filzstift, batteriebetriebener Laternenstab, weißer, durchscheinender Vorhangstoff (Store), Schere

Die Laterne zur Hälfte aufschneiden, so dass eine nach unten hin offene »Lampenschale« entsteht. Auf diese Lampenschale schwarze Gespensteraugen aufmalen. Über die Lampenschale den weißen Vorhangstoff hängen – fertig ist das Gespenst. Durch den »Scheitel« des Gespensterkopfes mit der Schere ein kleines Löchlein bohren und die Laternenlampe durchführen, so leuchtet das Gespenst. Am Laternenstecken kann es jetzt durch die dunkle Nacht schweben …

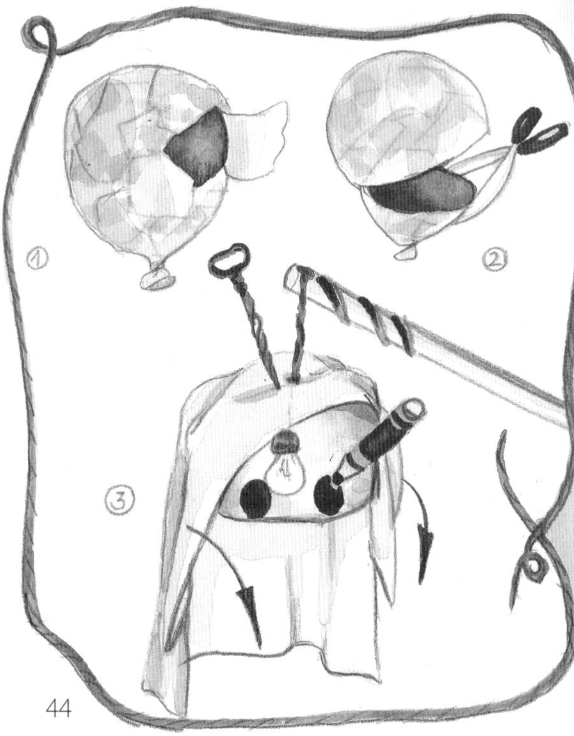

Krachinstrumente

Klassische Halloween-Geräuschmacher sind Tröten, Rasseln, Glocken, Klappern und Ratschen. Diese Krachmacher sollen Geräusche nachempfinden wie Blätter im Wind, Feuerprasseln, Hexengekicher, Geisterstimmen und unheimliches Gelächter.

Material: Kaffeedose mit Deckel, trockene Erbsen oder ähnliches Material, Dosen, Schnur

- Aus Kaffeedosen entstehen **Dosenrasseln**, werden sie (nicht zu voll!) mit trockenen Hülsenfrüchten oder Reis befüllt.
- Aus Konservendosen und Schnur entsteht, werden sie aneinandergereiht, eine gruselige **Krachmacherschlange**.

Laternenfest für Zwerge

Beim Laternenfest für Zwerge geht es viel gemütlicher und absolut sicher zu, ganz so, wie es Zwerge eben schätzen. Der Festort, eine warme Behausung, gleicht der Erdhöhle eines Hobbits. Kleine Stühlchen an kleinem Tisch laden zum Verweilen, zum festlichen Schmausen von Zwergenspeisen und Zwergenkuchen und gemeinsamem Basteln von Zwergenlaternchen ein. Wird es Abend, ziehen die Zwerge um den Häuserblock mit ihren Laternchen und vielleicht entdecken sie dann einen kleinen Zwergenschatz auf dem Nachhauseweg …

Festvorbereitungen

Festzeit

Als Festzeit wählen die Zwerge den Nachmittag, damit sie zum Abschluss ihres Festes bei hereinbrechender Dunkelheit ihren Laternenumzug machen können.

Festort

Als Festort einen möglichst kleinen Raum zur Zwergenhöhle umgestalten. Aus Kinderzimmer- und Puppenmöbeln werden Zwergenstühlchen und Tische. Naturmaterialien wie Tannenzapfen, Kastanien und Blätter unterstreichen das erdige Ambiente, an der Zimmerdecke aufgehängte Decken betonen den Höhlencharakter.

Festtafel

Die Festtafel mit bestem Puppengeschirr, Kastanien, Hutzeln und Ähnlichem decken.

Speisezettel

Zwerge bevorzugen Süßspeisen. Sie lieben Rührkuchen, süße Waffeln, Pfannenkuchen und Griesbrei mit Kompott. Die Rezepte für die Zwergenspeisen sind hinreichend bekannt, drum brauchen sie hier nicht extra erwähnt werden. Das besondere ist aber, dass diese Speisen bei Zwergen viel kleiner sind. So ist der Rührkuchen gerade mal so groß wie ein Puppenkuchen, von den Waffeln isst jeder Zwerg gerade mal ein Viertel und die Pfannkuchen sind nur Handteller groß! Am liebsten trinken die Zwerge Säfte aller Art. Doch da wir Menschen keine Zwergengläser haben, nehmen wir die Schnapsgläser der Erwachsenen, die haben gerade mal die richtige Größe!

Zeitvertreib der Zwerge

Zwergenverwandlung

Damit das Zwergenfest überhaupt steigen kann, verwandeln sich die Kinder erstmal in Zwerge.

Material: alte Stoffe (Vorhänge, Decken o. Ä.), Schere, Mütze für jeden Zwerg

Die Stoffreste quadratisch zuschneiden (80 × 80 cm) und in die Mitte einen Schlitz schneiden, durch den der Kopf passt. Schon kann der Zwergenumhang angezogen werden. Dazu tragen die Zwerge ihre Mützen vom letzten Winter auf.

Zwergenschatz suchen

Haben die Zwerge ausgiebig gespeist, denn Zwerge essen sehr gerne … dann suchen sie am liebsten Schätze.

Material: 1 besonders schöner Stein für die erste Spielrunde, 1 kleine Schatztruhe und so viele besonders schöne Steine, wie es Kinder gibt, für die letzte Spielrunde.

Damit die Zwerge auch ja jeden Schatz entdecken, trainieren sie das Schatzsuchen bei jeder Gelegenheit.
Ein besonders schöner Stein wird zum Zwergenschatz. Jeder darf den Stein einmal verstecken und die anderen müssen den Schatz suchen. Wer ihn zuerst findet, darf ihn als nächster verstecken. War ein Finder schon einmal dran, darf er bestimmen, wer den Schatz als nächstes verstecken darf.
Haben alle Zwerge einmal den Schatz versteckt, beginnt die echte Schatzsuche!
Die Spielleitung versteckt eine kleine Schatztruhe, gefüllt mit vielen schönen (glitzernden) Steinen. Ist dieser Schatz gefunden, darf sich jeder Zwerg einen Stein nehmen – als Zwergenschatz für zuhause.

Zu Stein verwandeln

Musik: beliebige Kindermusik

Getanzt wird zu einer beliebigen Kindermusik. Zwerge machen dabei die ulkigsten Verrenkungen und Grimassen!
Stoppt der Oberzwerg (die Spielleitung) die Musik, verwandeln sich die Zwerge zu Stein, verharren also in der Bewegung. Die Spielleitung wählt den schönsten »Stein« – dieser wird Oberzwerg und der Tanz beginnt von vorne …

Meine kleine Laterne

Nr. 9

Text: S. Steffe – **Musik:** D. Ferber

1. Laternen leuchten in der Nacht
Wie tausend bunte Sterne.
Der alte Mond am Himmel lacht
Und funkelt in der Ferne.

2. Die Nebelhexen jagen sich
Und fangen Wolkenschäfchen.
Ein Regentropfen schimmert fein
Auf einem zarten Näschen.

3. Ein Wind bläst die Laterne aus
Ich zünd sie wieder an
Bleib mit den Laternen stehn
Und sing so laut ich kann.

Refrain *Meine kleine Laterne*
Bringt Licht in die finstere Nacht.
Nur fort mit euch, ihr Geister
Und nehmt euch gut in Acht
Denn meine kleine Laterne
Hat eine riesige Macht
Bringt alle Jahre wieder
Licht in die finstere Nacht

Zwergenumzug

Zum Abschluss des Festes – nach Einbruch der Dunkelheit – laufen die Zwerge natürlich auch mit ihren Laternchen, Laternen- und Zwergenlieder singend, ums Haus. Kommen die Kinder aus der Nachbarschaft, können die Kinder mit ihren Laternen mit diesem Umzug nach Hause begleitet werden – den Schatz nicht vergessen!

Zwergenlaterne

Material: schwarzer, stabiler Fotokarton (63 × 39 cm), gelbes Transparentpapier (24 × 60 cm), Schere, Klebstoff, Laternenkerzen und Halter, Blumendraht, Laternenstecken

Die Zwergenlaterne wird von Erwachsenen aufgezeichnet, die Kinder schneiden die Laterne nur aus und hinterkleben sie mit Transparentpapier.

- Nach unten stehender Skizze die Laterne ausschneiden, mit Transparentpapier hinterkleben und an den Falzkanten zukleben.
- Die Klammern des Kerzenhalters in der Mitte der Laterne durch den Laternenboden stechen und auffalten. Die Kerze einsetzen.
- Mit Blumendraht einen Henkel am oberen Rand befestigen.

Fertig ist die Laterne!

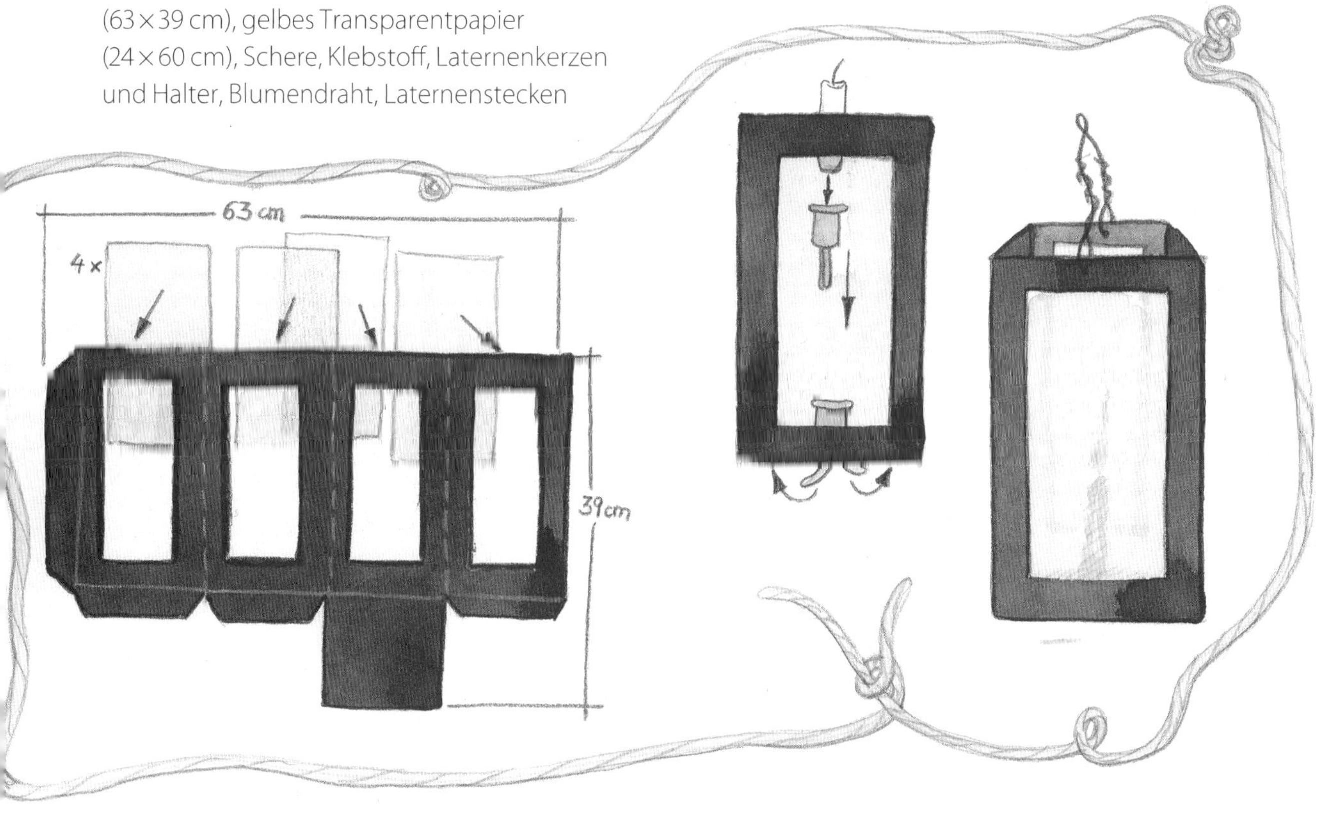

Im Licht zusammensitzen – Lichterfeste im November

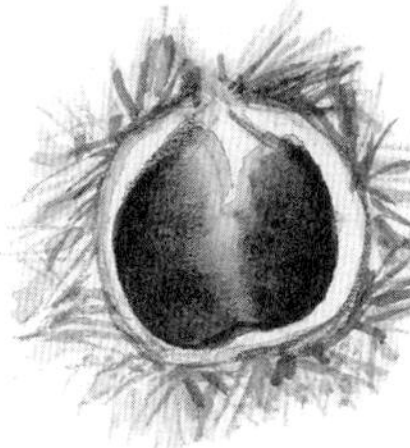

Spaziergang im November

Im November ist es draußen endgültig kahl und eintönig: keine Blumen, keine bunten Blätter, keine goldenen Kornähren mehr. Erdbraun, verwittert und matschig sind Erde, Felder und heruntergefallene Blätter.
Es wird zusehends dunkler, nasser, nebliger und kälter.
Die Novemberstürme reißen an den Bäumen. Nur die stacheligen Esskastanien liegen stellenweise noch auf dem Wanderweg. Wir treten darauf, rutschen mit den Füßen hin und her, bis die Schalen die Kastanien freigeben.
Neben vielen Regenschauern kann es im November schon empfindlich kalt werden – kein Wunder, dass der Vollmond im November Eismond heißt!
Das Einzige, was beim Spaziergang im Novemberregen Spaß machen kann, ist mit Gummistiefeln und fest vermummt in die unzähligen Regenpfützen zu springen. Doch lange hält die Freude nicht an: Durchnässt und kalt kehren wir der Natur den Rücken und freuen uns auf zu Hause!
Doch geht hinaus und seht selbst!

Den November ins Haus holen?

Das Schmuddelwetter hat keinen Eintritt in unser Haus! Es kann mit den Gummistiefeln an der Türschwelle stehen bleiben! Jetzt ist es wichtig mit Licht und Wärme die kalte, dunkle Jahreszeit auszugleichen!
Wir machen es uns im Haus gemütlich. Nach einem Spaziergang trinken wir eine Tasse Tee oder heiße Schokolade, die warmen Hausschuhe vom Vorjahr werden gesucht, die Kuscheldecken auf dem Sofa haben Hochkonjunktur, und wie froh sind wir beim Anblick einer brennenden Kerze, wenn das Novembergrau in den Fenstern hängt.

Pitsch & Patsch

Nr. 11

Text & Musik: S. Ruisinger

2. Komm wir suchen ein Versteck
Unter einem Haufen Dreck
Danach baden wir im Schlamm
Ohne Seife, ohne Schwamm
Und eure Füße sind nicht nass
Weil auf uns ist stets Verlass
Denn die Moral von der Geschicht:
Wir sind beide wasserdicht!

Refrain *Denn heut ist Gummistiefelwetter*
Die ganze Welt ist voller Matsch
So viele Pfützen, welke Blätter
Da woll'n wir reinglitschen
Durchpitschen, rumspritzen, durchflitzen
Was machen wir mit dem Matsch?
Na, Quatsch!

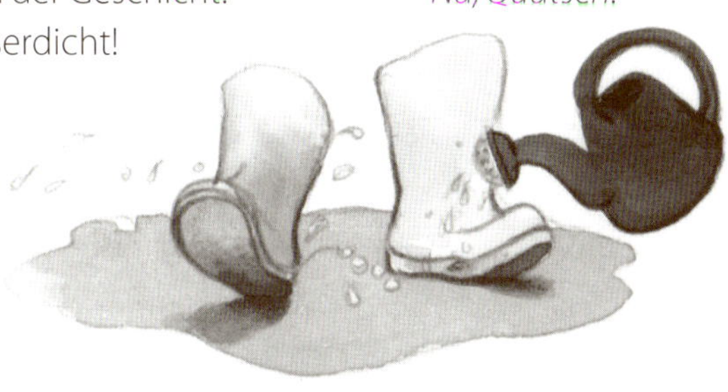

Brauchtum und Legenden

Draußen wird es nun endgültig ungemütlich. Mit ein Grund, sich mehr auf das Haus zu besinnen, auf Freunde, die man nach Hause einlädt, um mit ihnen zu spielen und gemeinsam etwas drinnen zu unternehmen.

- **St. Martin** (10. November)
  Der Legende nach wurde Martin 316 nach Christus in Ungarn geboren. Schon mit 12 Jahren so heißt es, ließ er sich von Christen unterrichten, musste aber wie schon sein Vater zur römischen Armee. In diese Zeit fällt auch die berühmte Mantelteilung. Er schenkte einem frierenden Bettler den halben Mantel. Mit 18 Jahren ließ Martin sich taufen und verließ die Armee. 371 wurde er vom Volk zum Bischof von Tours gewählt. Der bekannteste Brauch ist der Martinsumzug am 10. November, der meistens mit der Darstellung der Mantelszene endet. Danach wird das Martinsfeuer entzündet.
  Besonders häufig ist St. Martin im Trierer und Kölner Raum als Kirchenpatron und Volksheiliger anzutreffen. Hier ist er auch im Volksbrauchtum lebendig geblieben. St. Martin ist Schutzpatron von Ländern, Rittern, Soldaten, Reisenden, Flüchtlingen, Huf- und Waffenschmieden, Alpenhirten, Bettlern, Tuch-, Kappen- und Handschuhmachern, Webern, Gerbern, Schneidern, Bauern, Hirten, Winzern, Gastwirten, Hoteliers, Müllern und auch Zechern.
  Spöttisch bezeichnete man St. Martin auch als Steuerheiligen, weil an Martini die Pacht fällig war. Wer nicht zahlen konnte, hatte ein Problem. Drum hieß ein Spruch auch: »St. Martin ist ein harter Mann – für den, der nicht bezahlen kann.«

- **Martinsfeuer**
  Der Martinsumzug endet mit einem Martinsfeuer, bei dem die Martinslegende erzählt und nachgespielt wird. Das Martinsfeuer stand symbolisch für das Verbrennen des Sommers. Der Ursprung des Martinsfeuers wird in den Riten der germanischen Wintersonnwendfeier und des germanischen Erntedankfestes vermutet. Ein Freudenfeuer, wie es auch zu anderen Anlässen angezündet wurde, zugleich aber auch ein reinigendes Feuer, in dem das vergangene Jahr verbrannt wurde. Die göttliche Kraft, die Pflanzen und Tiere hatte gedeihen lassen, so glaubte man, musste im Herbst durch ein Feuer getötet werden, damit sie im dunklen Winter Kraft für ein Wiedererwachen zu neuer Stärke im Frühjahr gewinnen konnte.

- **Martinsgänse**
  In römischer Zeit waren die Gänse Begleiter des Kriegsgottes Mars. Gänse sollen die Stadt Rom durch ihre Aufmerksamkeit und ihr warnendes Geschrei vor einem feindlichen Überfall bewahrt haben. Im germanischen Denken war die Gans Symboltier Wotans, Opfertier und Verkörperung des Vegetationsgeistes. Wer eine Gans verspeiste, sollte auch Anteil an deren Kraft haben.

- **Heischebrauch an Martini**
  Der 11. November war als Festtag des zurückliegenden Erntejahres von jeher ein Tag, an dem Geschenke ausgeteilt wurden. Dieser vorchristliche Brauch wurde zu St. Martin übernommen, schließlich steht der Tagesheilige auch für christliche Wohltätigkeit. Die Kinder zogen an Martini von Tür zu Tür und erhielten, was vom Essen übrig geblieben war. Am Niederrhein war es Sitte, am Martinsabend an der Decke des Raumes eine mit Äpfeln, Nüssen, einigen Kartoffeln und Rüben gefüllte Tüte, den Martinssack, aufzuhängen. Am unteren Ende waren lange Papierstreifen befestigt. Nachdem die Kinder unter dem

Sack gesungen hatten, wurde das Licht gelöscht. Man zündete die Papierstreifen an. Sobald die Tüte aufplatzte und die einzelnen Gegenstände herabfielen, griffen die Kinder im großen Durcheinander danach. Kartoffeln und Rüben waren dabei die Nieten.

- **Martinsmännchen**

Vor dem 19. Jahrhundert gaben Martinsmännchen am Martinsabend den Ton an. Ein Kind saß auf den Schultern eines Jugendlichen, vorneweg gingen zwei Kinder mit einer Rübenlaterne. Hinterdrein gingen alle anderen Kinder von Haus zu Haus und erbettelten sich Äpfel und Nüsse. Heute heißen die Weckmänner, die zu Martini gebacken werden, Martinsmännchen. Sie werden traditionellerweise am Ende der Veranstaltung an die Teilnehmer des Umzuges verteilt.

- **Martinimärkte**

Martinimärkte fanden landauf landab statt, um Waren für Haus, Hof und Gesinde zu kaufen. Das landwirtschaftliche Gesinde bot seine Arbeitskraft bei dieser Gelegenheit neuen potenziellen Arbeitgebern an.

- **Beginn der Licht- und Spinnstubenzeit**

Am Martinstag wurde früher die Licht- und Spinnstubenzeit eröffnet. An den langen Abenden der dunklen Jahreszeit saß man beisammen ums Licht. Ohne elektrisches Licht und ohne Zentralheizung war es in den Räumen kalt und dunkel, denn es konnte nicht jeder Raum befeuert werden und überall Kerzenlicht brennen. Feuer gemacht wurde in der Gemeinschaftsstube. Folglich kamen alle zusammen von Haus und Hof und Nachbarschaft und verlängerten sich den Tag, indem sie gemeinsam aßen, tranken, erzählten, sangen und Handarbeiten nachgingen. So hieß die Nacht an Martini auch Durchspinnnacht und der ein oder andere wachte am nächsten Morgen erst spät mit einem dicken Kopf auf, weil er zu viel Martini-Wein getrunken hatte. Die Handarbeiten wurden hauptsächlich in den Monaten gemacht, wenn draußen auf dem Feld die Arbeit ruhte. Die Licht- und Spinnstubenzeit ging bis Lichtmess am 2. Februar. Da hieß es: »An Lichtmess' Spinne vergess'!« Dann begann draußen die Feldarbeit wieder, die Tage wurden durch das natürliche Licht der Sonne wieder verlängert.

Die Durchspinn-Nacht an Martini

Beim dritten Lichterfest im November beginnt das Fest diesmal zuerst mit dem Laternenumzug, danach wird die Durchspinnnacht gefeiert. Wie schön ist es, nach dem Laternenumzug durch Dunkelheit und Kälte ins Warme zu kommen. Die Schuhe bleiben alle vor der Tür stehen.

Drinnen ist der Festort hell und gemütlich erleuchtet. Es riecht nach leckerem Essen und eine große Festtafel ist gerichtet, an der erst mal zusammen gegessen und getrunken wird. Genügend Appetit hat jeder vom Laternenumzug mitgebracht! Die Laternen werden als zusätzliche Lichtquelle oder Dekoration im Zimmer aufgehängt. Die Kinder erzählen aufgeregt untereinander, denn schließlich wird bei der Durchspinnnacht auch gemeinsam übernachtet. Im Nebenraum ist drum schon ein großes Matratzenlager zusammengetragen worden und jeder hat sich bereits einen Schlafplatz gesichert. Nach dem üppigen Martiniessen ist noch lange nicht Schlafenszeit.

Erst wird nach guter alter Sitte gesponnen. Da werden nicht nur Fäden gesponnen, auch Geschichten werden gemeinsam ausgesponnen. Die Jüngeren hören vielleicht die alten Märchen, oder es wird ihnen aus einem aktuellen Kinderbuch vorgelesen. Die Älteren erzählen sich vielleicht Gruselgeschichten oder erraten gemeinsam Black Stories. Beim Spielen wird gelacht und getratscht, auch Brettspielklassiker, Würfel- und Kartenspiele können nach Lust und Laune gespielt werden …

Wie es früher schon Brauch war, werden in der Durchspinnnacht, wenn man gemütlich zusammen sitzt, auch neue Freundschafsbande geknüpft und alte Freundschaften miteinander verwoben. Musik und Tanz darf an Martini nicht fehlen. Singen Jüngere gemeinsam Lieder, können Ältere »abrocken« auf die neuesten Hits.

Haben wir die Nacht zum Tag gemacht, heißt es doch irgendwann in die Betten zu gehen.

Am nächsten Morgen dürfen alle »bis in die Puppen« ausschlafen, so verlangt es der Brauch. Das Brauchtum unserer Vorfahren ging sogar noch einen Schritt weiter und erklärte die gesamte folgende Woche für eine so genannte Schlamperwoche, in der Dienstmägde und Knechte machen konnten, was sie wollten. Keiner musste früh aufs Feld, die folgenden acht Tage galten als Freiraum, in denen nur das Nötigste getan werden musste. Die Mägde durften für sich selber in der Spinnstube arbeiten.

Wer die positive Wirkung einer Schlamperwoche für den Einzelnen und die Gruppe erkennt, dem fällt es leicht diese gute alte Sitte in Kindergarten oder Grundschule an Martini als ein sinnvolles Projekt zu begründen und durchzuführen. Dann gehen die Uhren einmal anders, gemeinsam wird vorgelesen und gewerkelt, getreu dem Motto: »Jeder darf machen was er will, nur nicht seinen Nachbarn stören!«

Und das Schönste: Über Nacht muss nicht aufgeräumt werden, denn am nächsten Tag macht jeder gerade da weiter, wo er am Vortag aufgehört hat. Am Ende der Schlamperwoche gibt es dann eine Präsentation über das, was jeder gewerkelt, gehört und erlebt hat.

Lichterzug mit Martinslampen

Mit Sonne, Mond und Sternen dem Himmel so nah!

Auf alten Gemälden zeigen entsprechende Abbildungen, dass Laternen früher beim Umzug auch an langen Stielen getragen wurden. Tatsächlich sind so Sonne, Mond und Sterne der Kinderlaternen dem Himmel ein Stück näher.

Zu Beginn des Festes versammeln sich alle an einem vereinbarten Ort zu einem Laternenzug. Das kann der traditionelle Martinszug der Gemeinde sein, mit einem vorausreitenden St. Martin, den traditionellen Laternenliedern, einem anschließenden Martinsfeuer mit der Darstellung der Mantelteilung, aber auch, wo dieser Brauch nicht üblich ist, ein privat organisierter Lichterzug.
Sinnvoll ist es, wenn vor dem Umzug ein paar Laternenlieder ausgesucht und für alle kopiert werden, damit die Zugteilnehmer gemeinsam singen können, denn der Gesang gehört zum Laternenzug an Martini einfach mit dazu. Dazu eignen sich die Lieder auf der CD als auch alle traditionellen Laternenlieder.

Material: Sonne-, Mond- oder Sternenlaterne (aus dem Handel), batteriebetriebener Laternenstecken, Bambusstecken (ca. 2 m), Klebeband

Den Laternenstecken mit Laterne in den Bambusstab führen und mit Klebeband befestigen.
Das Licht einschalten; den Bambusstecken in die Hüfte stemmen und an die Schulter lehnen, so lässt sich die Laterne bequemer tragen als die gewöhnlichen Laternenstecken, die man vor sich her trägt.

Laternenmond

Nr. 13
Text: S. Steffe
Musik: D. Ferber

2. Ich bau mir ne Laterne
Wie Blumen bunt und schön
Da staunen alle Sterne:
»Schau, die Laternen blühn!«

3. Ich bau mir ne Laterne
Schneid alle Fenster raus
Da staunen alle Sterne
»Schau, ein Laternenhaus!«

4. Ich bau mir ne Laterne
Die mit mir laufen kann
Da staunen alle Sterne:
Schau, ein Laternenmann!«

Martinsgans-Laterne

Material: weiße Kleisterpapierlaterne (s. S. 30), 1 Bogen Tonpapier (gelb oder orange), Bleistift, Schere, Klebstoff

Kopf, Schnabel, Schwanz und Gänsefüße auf das Tonpapier übertragen (s. Abb.) ausschneiden und an die Laterne kleben.

Martinsburg-Laterne

Getreu der Legende, dass Martin römischer Soldat war und auch als Schutzpatron für Ritter gilt, bietet sich eine Ritterburglaterne für kleine Ritter geradezu an.

Material: Schuhkarton, braune Farbe, Pinsel, Schere, Klebstoff, gelbes Transparentpapier, schwarzer Blumendraht, Ritter (aus dem Spielzeugfundus), batteriebetriebener Laternenstecken

Die Schuhschachtel braun bemalen (Mauersteine). Die Schachtel hochkant hinstellen und Burgfenster nach Belieben ausschneiden und mit gelbem Transparentpapier hinterkleben.
Aus dem Deckel eine Zugbrücke ausschneiden, herunterklappen und mit Blumendraht als Ziehketten befestigen (s. Abb.).
Für die Laternenlampe an der oberen Seite ein Loch bohren und die Lampe hindurchführen.
In die Burglaterne einen Spielzeugritter stellen. Diesen auf dem Laternenboden mit Blumendraht befestigen. Den Deckel der Schuhschachtel schließen. Der Martinsritter ist durch die offene Zugbrücke für Jedermann gut sichtbar.

Martinsmännchen

Nach altem Brauch, werden zum Ende des Laternenzuges die traditionellen Martinsmännchen verteilt …

Zutaten: 1 kg Mehl, 160 g Margarine, 4 Eier, 1 Eigelb, 40 g Hefe, ca. ½ l Milch, 150 g Zucker

Die Hefe mit 4 TL Zucker anrühren (wird flüssig). Die Milch in einem Topf lauwarm werden lassen. Mit dem Rührgerät 4 Eier, Margarine, Salz, Mehl und Milch nacheinander verquirlen. Zum Schluss die Hefe dazugeben.
Mit den Händen den Teig verkneten. Ist er zu klebrig, noch Mehl dazugeben.
Den Teig in eine warme Schüssel geben, mit einem Geschirrhandtuch abdecken und 1 Stunde an einem warmen Ort gehen lassen.
Danach den Teig erneut durchkneten und nicht zu dünn ausrollen.
Aus dem Teig Martinsmännchen schneiden.
Mit Rosinen Augen und Mund in den Teig stecken.
Bei 180° 15–20 Minuten backen.

Die Durchspinnnacht

Martini war der Eröffnungstermin der Lichter- und Spinnstubenzeit. Eingeläutet wurde diese mit der Durchspinnnacht am 11.11., dem Termin, an dem auch die Narrenzeit beginnt.

Heute braucht sich eigentlich keiner mehr ein Licht zu teilen, jeder kann in seinem Zimmer die Heizung anmachen und das Licht einschalten. Mit dem »Ums-Licht-Sitzen« pflegten die Menschen früher aber auch Gemeinschaftlichkeit. Sie ließen es sich bei einem Festessen an Martini richtig gut gehen, sie erzählten, sangen, tanzten … Sie hörten Geschichten zu und nebenbei wuchsen ihr Vorstellungsvermögen und die Geschicklichkeit ihrer Hände bei den gleichzeitig ausgeführten Handarbeiten.
Die Spinnstube oder auch Lichterstube hieß früher auch Kunkel- oder Munkelstube, denn hier wurde getratscht, gescherzt und geflirtet. Erzählt wurden alte Märchen und Geschichten aus grauer Vorzeit genauso wie der Tratsch vom vergangenen Jahr, der manchem Narren als Vorlage zu seiner Büttenrede genützt haben mag.

Was nun bei einer Durchspinnnacht an Aktivitäten angeboten wird, richtet sich ganz nach der jeweiligen Altersgruppe und den Interessen: eine Vorlese- und Bastelnacht, ein Spieleabend oder eine närrische Tanznacht sind gleichsam möglich, denn bei jeder dieser Beschäftigungen kann man sich richtig ausspinnen …
Wichtig sind der gemütliche Rahmen der Zusammenkunft, das gemeinsame Essen, die anschließenden vergnügten Stunden, bis alle müde sind, und das gemeinsame Übernachten.
Die folgenden Vorschläge betonen den ursprünglichen Charakter einer Durchspinnnacht.

Festvorbereitungen

Eingeladen werden alle Freunde und solche, die es werden wollen. Die Durchspinnnacht kann im privaten Kreis als Kindergeburtstag genauso gefeiert werden, wie als stimmungsvolle Lesenacht einer Bücherei oder Übernachtungsaktion im Kindergarten oder der Schule.

Der Festort

Die Lichterstube

Material: Lichterketten, Kerzen, Laternen, Tisch, Stühle, Sofas o. Ä. und Platz für alle Leute, die eingeladen sind, Materialien für alle möglichen Aktivitäten (Bücher, Bastel- und Handarbeitsmaterialien, Kassettenrecorder … s. u.)

Damit die Durchspinnnacht ein voller Erfolg wird und nicht von lästigem »Organisationskram« unterbrochen werden muss, sollten bei den Vorbereitungen einige Dinge bedacht werden:

- Die Lichterstube erstrahlt in hellem Lichterglanz. Die vorhandenen Laternen an der Decke aufhängen. Ob das darin befindliche Kerzenlicht entzündet wird, selbst entscheiden (Brandgefahr). Feine Lichterketten können die Lichterstube zusätzlich illuminieren. Kerzen dürfen in der Lichterstube nicht fehlen. Diese so platzieren, dass sie von Erwachsenen »im Auge behalten« werden können.
- In der Lichterstube für genügend Sitzmöglichkeiten sorgen.
  Zum einen ist ein großer Tisch mit ausreichend Stühlen wichtig, an dem zuerst ein Festmahl gehalten wird. Für spätere Handarbeiten oder Basteleien kann dieser Tisch auch von Vorteil sein.
  Schön ist es, wenn es in der Lichterstube auch gemütlichere Plätze wie Sofas oder Kuschelecken gibt, falls es sich jemand beim Geschichtenerzählen gerne gemütlich machen möchte.
- Zum Spielen und Tanzen ist es wichtig, dass Tisch und Stühle beiseite gerückt werden können, damit auch dazu Raum ist.
- Eine Musikanlage auf- und eine Auswahl an Musik zusammenstellen.

- Materialien für alle Aktivitäten auf einem Extratisch bereithalten, das macht die Gäste gleich neugierig.
- Für genügend Schlafplätze, Decken, Schlafsäcke und Ähnliches sorgen.

Die Festtafel

Material: Tischdecke, Kerzenleuchter, Kerzen, Servietten, Teller, Besteck, Gläser, falls vorhanden Lampionblumen

Die Dekoration in lichtvollen Gelb- und Orangetönen halten, die heitern auf, machen fröhlich und sind anregend, damit keiner zu früh müde wird!

Speisezettel

Vor dem Martinsabend wurde früher geschlachtet. Man konnte nicht den ganzen Viehbestand über Winter durchfüttern, dazu reichten oft die Futtervorräte nicht aus. Da früher mit Martini die Fastenzeit vor Weihnachten begann, mussten alle Lebensmittel, die nicht fastentauglich waren, wie Fleisch, Fett, Schmalz, Eier und Milchprodukte aufgegessen werden, wollte man sie nicht wegwerfen. Dies ließ sich am leichtesten mit einem vergnüglichen Fest erreichen. Die Speisen waren also vor Beginn der Fastenzeit noch mal schön fett.
Da der Most an Martini ausgearbeitet hat, wurde zu St. Martin der neue Wein getauft, d. h. der Heurige wurde bei einem festlichen Bankett gekostet. Auf unserer Getränkekarte stehen zwei alkoholfreie Alternativen!

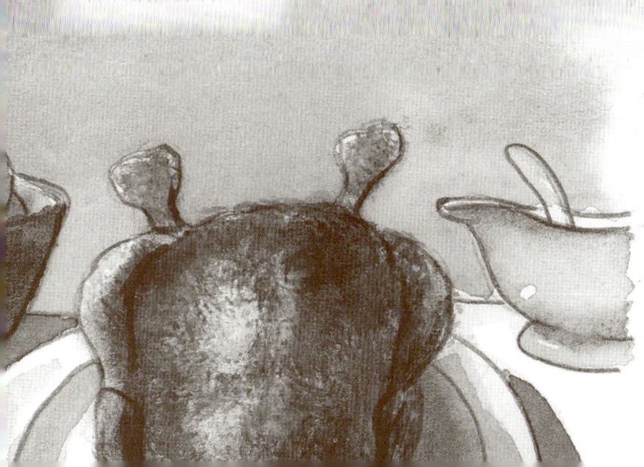

Feine Martinsgans

Eine Martinsgans durfte an Martini nicht fehlen! Sollten die Kinder noch keine Gans essen, gibt es unten stehend genügend Alternativen.

Zutaten: 1 Gans, Salz, Pfeffer, Beifuß oder Majoran, Brühe
Füllung: 50 g Maronen, 3 saure Äpfel, 100 g Rosinen,
Beilagen: Apfelrotkohl, Kartoffelknödel

Die Gans waschen, abtrocknen und mit einem Gemisch aus Salz, Pfeffer und Beifuß oder Majoran innen und außen einreiben.
Die Maronen einritzen, im Backofen rösten, schälen. Äpfel schälen, vierteln, entkernen und in feine Scheiben schneiden.
Kastanien und Apfelscheiben mit den Rosinen mischen. Die Gans mit dieser Mischung füllen und anschließend zunähen.
Mit der Brust nach unten in einen Bräter legen und bei 200 °C gut eine Stunde im vorgeheizten Backofen garen.
Die Gans wenden und weitere 30 Minuten braten. Während des gesamten Bratvorgangs regelmäßig mit dem Bratfett übergießen.
Tipp: Gegen Ende der Bratzeit die Gans mit etwas Salzwasser bestreichen – sie wird dann besonders knusprig.
Inzwischen die Kartoffelknödel und den Rotkohl zubereiten (selbst machen oder – einfacher – aus der Packung/Dose).

Ist die Gans gar – beim Einstechen in die Keulen tritt klarer Saft aus – aus dem Bräter nehmen, warm stellen und die Sauce anrühren. Das Gänsefett abschöpfen, den Bratenfond mit Rotwein, etwas Wasser oder Brühe ablöschen und zum Kochen bringen. Eventuell mit Salz und Pfeffer abschmecken.
Die Sauce durchsieben und zusammen mit der Gans, den Kartoffelknödeln und dem Rotkohl servieren.

Warmer Kartoffelsalat mit Speck

Wer sich keine Martinsgans leisten konnte, bei dem gab es folgende Speise:

Zutaten: 1,5 kg mittelgroße Kartoffeln, 250 g geräucherte Speckwürfel, 1 Tasse klein gehackte Zwiebeln, etwas Wasser, $\frac{1}{8}$ l Essig, 1–2 TL Salz, schwarzer Pfeffer, Petersilie

Kartoffeln in der Schale kochen und pellen. In nicht zu dünne Scheiben schneiden und warm stellen.
Den Speck in einer Pfanne braun und knusprig braten und auf Küchenkrepp abtropfen lassen. In der Pfanne die Zwiebeln glasig dünsten, Wasser, Essig, Salz und Pfeffer hinzugeben und kurz aufkochen lassen.
Diese Mischung über die Kartoffeln gießen und unterheben.
Zum Schluss den Speck und die frisch gehackte Petersilie hineinmischen und abschmecken.

Bratäpfel in Vanilletunke

Zutaten: große rote Äpfel, Rosinen, Pistazienkerne, Zimt, Vanilletunke im Päckchen

Die Äpfel mit dem Apfelausstecher oder dem kleinen Messer vom Kerngehäuse befreien, ohne sie aufzuschneiden.
In die Äpfel Rosinen, Pistazien mit ein wenig Zimtpulver bestreut stopfen.
Das Kuchenblech etwas buttern, die Äpfel draufsetzen. Im Backofen so lange braten, bis ein herrlicher Duft durch die Räume zieht und die Schalen der Äpfel braun werden.
Die Vanilletunke nach Angaben des Herstellers zubereiten und über die Äpfel gießen.

Heißer Johannisbeerpunsch

Zutaten: 2 Beutel Hagebuttentee, $\frac{1}{2}$ Liter Wasser, 1 Päckchen Glühweingewürz, Saft von einer Zitrone, 1 l schwarzer Johannisbeersaft, Saft von 2 Apfelsinen (ungespritzt), Zucker, 1 ungespritzte Apfelsine

Hagebuttentee, das Glühweingewürz und den Zitronensaft mit kochendem Wasser übergießen.
Den Johannisbeersaft dazugeben und alles einmal aufkochen lassen.
Den mit Zucker abgeschmeckten Punsch durch ein Sieb schütten, in jeden Becher eine Scheibe Apfelsine geben und den Punsch darüber gießen.
Heiß getrunken schmeckt der Punsch am besten.

Heißer Hollersaft

Der Holunder gilt seit Urzeiten als Heilstrauch, dessen Blüten und Früchte einen hohen Vitamin C Gehalt haben. Der Saft der Holunderbeeren stärkt die Abwehrkräfte und kann gegen Erkältungskrankheiten getrunken werden.

Zutaten: Holundersirup oder Waldbeerensirup, Wasser

Da es zu aufwändig ist, aus Holunderbeeren direkt vor Ort Saft zu pressen, behelfen wir uns mit fertig gekauftem Holundersirup (erdiger Geschmack) oder Waldbeerensirup (süßer im Geschmack), den es in jedem guten Supermarkt oder Bioladen zu kaufen gibt.
Den Sirup 1:6 mit Wasser verdünnen und erhitzen.

Spinn-Geschichten

Hatten sich alle an Martini versammelt, gut gegessen und getrunken, wurde es gemütlich: Die Frauen drehten die Spinnräder an, die Männer holten ihr Schnitzzeug raus und jemand von ihnen fing an zu erzählen. Jede Geschichte begann natürlich mit: Es war einmal ...

Die Alte vom Hollerbusch

Es war einmal vor vielen hundert Jahren, da hörten die Kinder noch viele geheimnisvolle Geschichten, so auch die von der Alten vom Hollerbusch.
Der Hollerbusch soll einst der Baum einer heiligen Frau gewesen sein. Im Frühling, so die Erzählungen, war ihr Kleid zart und weiß wie die Blüten des Baumes. Ihr Äußeres war jugendlich frisch und sie duftete verführerisch. Im Sommer trug sie ein Kleid aus kräftigem Grün und sie verfügte über große Heilkraft. Ihr Kleid verfärbte sich dann zu einem dunklen Rot wie die Beeren des Baumes, bis es im Herbst dann zu Braun und schließlich Grau wechselte. Nichts erinnerte dann mehr an ihre jugendliche Schönheit. Sie glich einem alten Weib und manche fürchteten sich vor ihr.
Die Leute waren überzeugt davon, dass die Alte vom Hollerbusch im Winter mit ins Haus zieht, dort nach dem Rechten schaut, Faule bestraft und Fleißige belohnt. Auch machten sie die Alte für das Wetter verantwortlich. Als Nebelfrau wurde sie in den Nebelschwaden wahrgenommen und als Regenwolke löste sie Regen aus. Als Windfrau brauste sie durch die Lüfte und zischte durch die Kamine. Selbst für den Schnee sollte sie sorgen.
Zur Wintersonnwende aber, zur zwölften Stunde, wenn die Menschen in der Spinnstube ein leises Rauschen vernahmen, dann kam sie als Taube auf die Erde geflogen. Dann wussten die Menschen, dass ein fruchtbares Jahr sich ankündigte. Und überall, wo die Taube sich niedergelassen hatte, da grünte und blühte es im folgenden Sommer am schönsten. Und überal wo sie vorbeizog, wurden die Felder fruchtbar und die Menschen mit vielfachem Glück gesegnet.
Wie die heilige Frau hieß? Wer weiß das schon!

Märchen vorlesen

Material: Märchenbuch

Die Kinder versammeln sich um eine Kerze und ein Erwachsener liest aus dem Märchenbuch. Als Geschichten eignen sich besonders gut das Märchen von Frau Holle, die Märchen von Rapunzel, Rumpelstilzchen oder Aschenputtel, weil alle diese Märchen aus der Spinnstubenzeit rühren.

Geschichten spinnen

Material: 1 dickes Wollknäuel, verschiedene, kleine Figürchen, Naturmaterialien, Perlen …

Vorbereitung
An den Wollfaden im Abstand von einem Meter kleine Dinge knüpfen und das Wollknäuel wieder aufwickeln.

Die Kinder sitzen im Kreis. Die Spielleitung beginnt die Geschichte mit »Es war einmal …« und erzählt die Geschichte ihres kleinen Gegenstandes. Sie behält ihr Figürchen in der Hand und reicht das Knäuel weiter … Das nächste Kind spinnt jetzt die Geschichte weiter und flicht seinen kleinen Gegenstand oder sein Figürchen mit in die Geschichte ein …
So geht es immer weiter mit der Geschichte, bis die Kerzen heruntergebrannt sind.

»Stell dir vor!« – Lustiges Gemeinschaftstratschen

Die Spielleitung notiert sich vor Spielbeginn eine unglaubliche Geschichte, die gespickt ist von Details und in der anwesende Personen vorkommen.

Die Geschichte beginnt mit: »Stell dir vor …«
Die Spielleitung geht vor die Tür, ruft ein Kind heraus und liest ihm die Geschichte vor. Es merkt sich die Geschichte, so gut es geht, und erzählt sie dem nächsten Kind, das vor die Tür kommt … So geht es munter weiter, bis das letzte Kind vor der Tür war. Das letzte Kind erzählt nun allen den neuesten Tratsch – und der unterscheidet sich bestimmt gewaltig von der ursprünglichen Geschichte!

Lesenacht

Für Leseratten

Material: das momentane Lieblingsbuch der Kinder (durch Abstimmung ermitteln)

Die Kinder wählen ein gemeinsames Lieblingsbuch, aus dem vorgelesen wird.
Dazu können sie sich gemütlich hinlegen oder aber irgendeiner Beschäftigung (handarbeiten, basteln, malen …) nachgehen (s. S. 66 ff).

Kunkel-Munkel-Lied

Nr. 15
Text: S. Steffe
Musik: D. Ferber

2. Kunkel, Munkel, Kunkel,
Draußen ist es dunkel
In der Stube warm und hell
Sprudelt Lachen wie ein Quell.

3. Kunkel, Munkel, Kunkel
Draußen ist es dunkel
In der Stube drinnen
Gibt es was zu spinnen

4. Kunkel, Munkel, Kunkel
Draußen ist es dunkel
In der Stube warm und fein
Wollen wir zusammen sein

Werkeln in der Durchspinn-Nacht

Beim Geschichtenerzählen kann am besten zuhören, wer selbst irgendetwas mit den Händen macht. Umgekehrt geht eine immer gleich bleibende Arbeit durch das Hören von Geschichten besser voran. So wurden schon früher notwendige, aber eintönige Arbeiten meist mit unterhaltenden Geschichten und Liedern begleitet. Typische Beschäftigungen waren in der Durchspinn-Nacht für die Frauen und Mädchen natürlich das Spinnen von Fäden, das Weben, Stricken, Sticken oder Häkeln. Für die Männer und Jungen hieß es Körbe flechten, Löffel schnitzen, Gerätschaften reparieren … Die Tätigkeit muss einfach sein, sodass es während der Geschichte möglichst keine Unterbrechungen durch Probleme mit der »Werkelei« gibt, außerdem darf sie keine großen Geräusche verursachen, sonst hat es der Vorlesende schwer.

War das Handarbeiten früher Frauen vorbehalten, ist es inzwischen aber üblich, dass sich auch Jungs in Kindergarten und Schule damit beschäftigen. Einen wahren Boom löste bei Jungs z. B. das Knüpfen mit Scoubidou-Bändern aus. Neben knüpfen, spinnen und weben können beim Vorlesen die Jüngeren, die sich mit Faden und Bändern zu leicht »verheddern«, frei malen, schneiden und kleben. Wer eher eine handwerkliche Beschäftigung sucht, kann sein Schnitzmesser herausholen und ein Weichholz bearbeiten. Eine schöne Verbindung von Faden und Handwerk ist das Kerzen ziehen. Es ist einfach, erfordert Ausdauer und mit dem gleichzeitigen Hören einer Geschichte wird es nicht langweilig.

Kerzen ziehen

In der dunklen Jahreszeit steigt der Verbrauch von Kerzen ungemein. Was liegt näher, als sich an Martini einen Vorrat an selbst gezogenen Kerzen anzulegen.

Material: Bienenwachs (Imker oder Bastelgeschäft), evtl. Docht (Bastelgeschäft), Haushaltskerzen, 1 hoher Kochtopf mit kleinem Durchmesser, Herd, Tisch, feuerfeste Unterlage, Haushaltsrolle zum Abtropfen der Kerzen
Dauer: 20 Minuten pro Kerze

Verwendet wird Bienenwachs. Damit es billiger wird, ¼ Bienenwachs mit ¾ Paraffin (Haushaltskerzen) mischen. Der Docht der Haushaltskerzen kann für das Kerzenziehen gleich weiterverwendet werden!

- Die Haushaltskerzen brechen, zerbröckeln und mit dem Bienenwachs in den Topf geben. Diesen auf den Herd stellen und das Wachs auf kleiner Flamme verflüssigen.
- Ist das Wachs geschmolzen, den Topf mit flüssigem Wachs auf eine feuerfeste Unterlage an eine Seite des Tisches stellen.

Wer mitmachen will, setzt sich dazu. Jeder erhält einen Docht.

- Am Dochtende einen Knoten binden.
- Den Docht in das Wachs tauchen und wieder nach oben ziehen.
- Das Wachs am Faden trocknen lassen und wieder eintauchen.
- Ist die Kerze dick genug, zum Trocknen auf das Haushaltspapier legen.

Die Prozedur dauert eine Weile, die Teilnehmerinnen sind aber so begeistert von ihrer wachsenden Kerze, dass sie die Geduld gerne aufbringen. Sollte das Wachs im Topf erkaltet sein, stellt ein Erwachsener den Topf zwischendurch wieder kurz auf den Herd.

Spinnen mit der Handspindel

Spinnen (Garnerzeugung) nennt man das Verarbeiten der Rohwolle zu einem Faden. Am Anfang wurde die Wolle mithilfe einer Handspindel zu einem Faden verarbeitet – heute geschieht das maschinell. Das Spinnen mit der Handspindel ist nicht so einfach! Es ist aber spannend, bis so etwas wie ein Faden entsteht …

Die Handspindel

Material: 1 Bierdeckel, 1 Kugel Knete (2 cm Durchmesser), 1 lange Stricknadel, 1 Gummiring als »Kerbe«

- Mit der Stricknadel ein Loch in die Mitte des Bierdeckels stechen und diesen auf die Stricknadel schieben.
- Die Knetkugel etwa 5 cm von der Spitze entfernt auf die Stricknadel unter den Bierdeckel schieben.
- Um das obere Ende einen kleinen Gummiring wickeln.

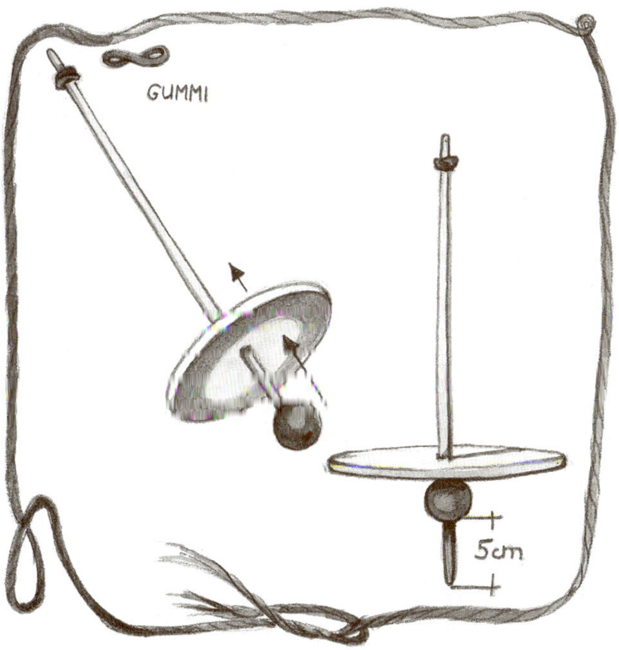

Das Spinnen

Material: fester Faden (ca. 40 cm), einfache Rohwolle (100 g ca. 1,50 €, Bezugsadresse s. Anhang), Dämpftuch und Bügeleisen

- Den Faden einige Male genau über dem Bierdeckel um die Nadel wickeln, dann einmal um die Spitze der Spindel schlingen, seitlich über den Bierdeckelrand nach oben ziehen und unter dem Gummi mit einer halben Schlinge festmachen.)
- Von der Rohwolle einen nicht zu langen, etwa 2 cm breiten Streifen abziehen und einige Faserchen aus der Rohwolle mit dem Fadenende gut verbinden.
- Den Faden über die linke flache Hand legen, an der Verbindung zwischen Daumen und Zeigefinger festhalten und den Rest der Rohwolle hinter die Hand legen.
  Dabei darauf achten, dass ein so genanntes Faserdreieck entsteht, d.h. die Fasern bilden ein Dreieck, dessen untere Spitze im Faden selbst zusammenläuft, während die Fasern darüber aufgefächert liegen.
- Die nun frei hängende Spindel mit der rechten Hand wie einen Kreisel andrehen, so dass sie anfängt sich im Uhrzeigersinn zu drehen.
  Wichtig: Die Richtung während des gesamten Spinnvorganges beibehalten!
- Wenn die Spindel sich jetzt dreht, mit der rechten Hand unten an das Faserdreieck fassen und warten, bis der Drall der Spindel nach oben in den Faden gewandert ist.
- Dann vorsichtig ein bisschen an den Fasern und dem Faden ziehen und die rechte Hand kurz loslassen. Der Drall im Faden wandert hoch und verzwirnt das erste Stück Faden.
- Das Faserdreieck unten an der Spitze wieder ergreifen, weitere Fasern aus dem Dreieck ziehen, kurz loslassen …

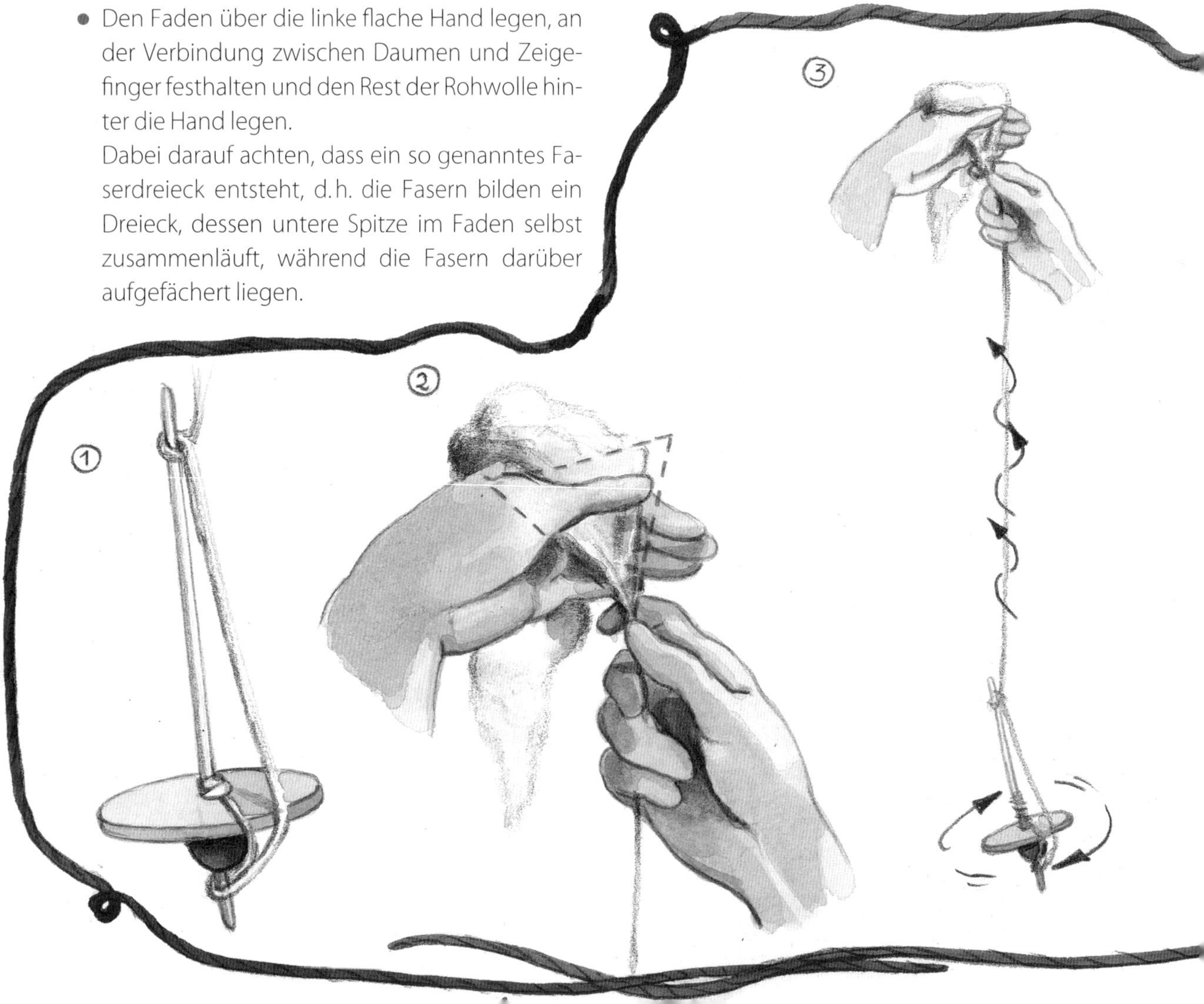

Wichtig: Die Spindel muss sich dabei immer drehen – also immer wieder mit der rechten Hand neu anschubsen, wenn sie an Drehung verliert.

- Ist der gesponnene Faden etwa 40 cm lang, den Hilfsfaden entfernen und stattdessen den gesponnenen Faden auf die Spindel wickeln und anschließend das Ende genau wie vorher den Vorfaden befestigen (s. o.) und weiterspinnen.
- Ist der Faden wieder zu lang und die Spindel will sich wieder aufdrehen, die obere Schlinge lösen, die Wolle weiter auf der Spindel aufwickeln, das Ende wie beschrieben nach oben führen, festmachen und weiterspinnen …
- Ist die Spindel voll, den Wollfaden über zwei Stuhlbeine »abspannen«.
- Zum Schluss den Strang unter einem Tuch mit dem Bügeleisen dämpfen. So verliert die Wolle ihre Spannung und der Wollfaden kann zum Knäuel aufgewickelt und weiterverarbeitet werden.

Mit dem selbst gesponnenen Faden lassen sich nun zwar keine Pullis stricken, aber immerhin dekorative Dinge herstellen (s. u.).

Handarbeiten mit der Strickliesel

Alternative zum Spinnen für Jüngere.

Material: Strickliesel (Spielzeugladen) oder: Garnrolle aus Holz, Hammer, 4 Nägel, Wollfaden, Häkelnadel oder spitz zulaufendes Rundholzstäbchen (10 cm lang)

Herstellung

Die vier Nägel im Quadrat mit dem Hammer in den oberen Rollenrand schlagen – fertig ist die Liesel.

Stricken mit der Liesel

Den Faden einmal von oben durch die Öffnung der Garnrolle oder Strickliesel führen. Mit der einen Hand das untere Fadenende und die Strickliesel halten mit der anderen Hand den Faden oben im Quadrat um die Nägel führen nach dem Prinzip außen am Nagel vorbei, innen am Nagel vorbei, außen – innen (s. Abb.), sodass zum Schluss bei jedem Nagel außen und innen ein Faden vorbeiführt. Den Faden erneut einmal außen um die vier Nägel führen. Mit der Häkelnadel den ersten Faden, der außen lag, über den neuen Faden nach innen heben, sodass der neue Faden nun als einziger außen liegt. Wieder einen Faden außen herum legen und den zweiten Faden über den neuen Faden nach innen abheben. Nach und nach wächst nun aus der Strickliesel ein gestrickter Wurm heraus.

Märchenhafte Bilder weben

Material: 4 Haselstecken (ca. 30 cm lang), handgesponnener Faden oder dicke Wollfäden, bunte Glitzerfäden, fester Zwirn als Kettfaden, quadratischer Bierdeckel, Schere, Perlen, Muschel, Federn etc.

Für den **Webrahmen** die vier Haselstecken zu einem Rechteck zusammenbinden. Überstehende Zweige stören nicht!
Die Kettfäden im Abstand von 1 cm senkrecht in den Rahmen binden.
Für drei **Schiffchen** einen Bierdeckel in drei gleich große Streifen schneiden. Die Streifen an beiden Enden 2 cm tief einschneiden. Hierauf die (selbst gesponnene) Wolle wickeln.

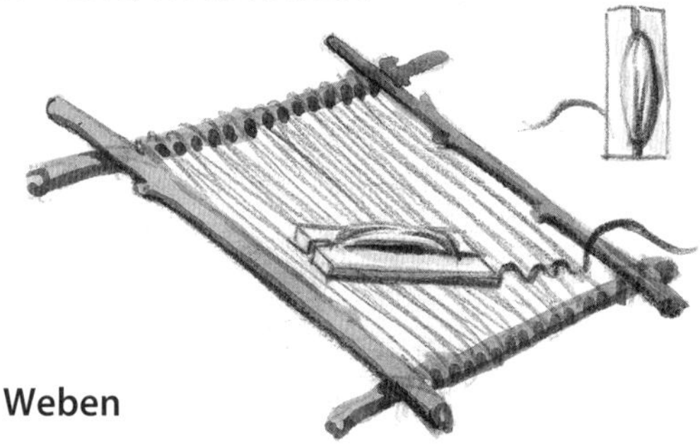

Das Weben

Das Schiffchen von rechts nach links auf und ab an den Kettfäden vorbeiführen und den Faden durchziehen. Am Ende der ersten Reihe »wenden« und in umgekehrter Reihenfolge um die Kettfäden ab und auf zurück weben.
Nach und nach wächst so der kleine Webteppich im Inneren des Rahmens.
Zum **Verzieren** in die Webarbeit bunte Glitzerfäden mit hinein verweben und Perlen, Federn und Muscheln knüpfen.

Märchenbilder

Variante zum Weben für Jüngere

Material: Bastelfilz, Klebstoff, Märchenwolle (mehrere Farben)

Die Wolle zurechtzupfen und Motive nach Wahl auf den Bastelfilz legen. Hält von alleine!

Freundschaftsbändchen knüpfen

In ein echtes Freundschaftsband werden gute Wünsche mit eingeflochten.

Material: selbst gesponnene Wolle (ca. 30 cm) und dickes Wollgarn in zwei Farben

Drei Fäden aus drei verschiedenen Wollen an einem Ende zusammenknoten und abwechselnd zum Zopf flechten und am Ende wieder zusammenknoten.
Wichtig: Beim Flechten an gute Wünsche für die Person denken, die das Bändchen erhalten soll! Das Freundschaftsbändchen mit den guten Wünschen verschenken.

Kunkel-Munkelspiele

In der Durchspinn-Nacht war es die Gelegenheit für Jungs und Mädels, sich beim Feiern etwas näher zu kommen. Diskret wurden hier Freundschaften angebahnt. So hieß die Spinnstube auch Kunkelstube.

Schneewittchen und die sieben Zwerge

Die Kinder stellen sich im Kreis auf und schließen die Augen.
Die Spielleitung geht einmal im Kreis herum und tippt einem Kind auf die Schulter. Dieses Kind ist im Spiel Schneewittchen. Die anderen sind Zwerge, die ihr Schneewittchen suchen. Schneewittchen darf sich nicht zu erkennen geben.

Wird das Licht gelöscht, begeben sich die Zwerge auf die Suche, indem sie versuchen, die Hand eines anderen zu finden.
Haben sich auf diese Art und Weise zwei Zwerge gefunden, fragt der erste: »Schneewittchen, bist du es?«

- Ist es Schneewittchen, so bleibt es stumm und der Zwerg weiß, er hat Schneewittchen gefunden. Er bleibt an der Hand.
- Ist der andere auch ein Zwerg, so fragt er ebenfalls: »Schneewittchen, bist du es?« Die beiden trennen sich wieder und suchen weiter nach Schneewittchen.
- Landet ein Zwerg an der Hand eines schon fündigen Zwerges, so bleibt auch dieser stumm, denn er gehört jetzt ja zu Schneewittchen.

Nach und nach entdecken mehr und mehr Zwerge Schneewittchen und ein Zwerg reiht sich an den nächsten, bis alle Kinder im Dunkeln einen Kreis gebildet haben.

Paarsuche im Dunkeln

Material: Bilderlotto mit Tieren

Vom Bilderlotto halb so viele Kärtchenpaare nehmen, wie Kinder mitspielen.
Die Karten verdeckt mischen. Jedes Kind zieht ein Kärtchen und betrachtet sein Bild von den anderen nicht einsehbar.
Wenn das Licht gelöscht wird, ruft jedes Kind in der Sprache des auf seinem Bild befindlichen Tieres: Kühe muhen, Katzen miauen, Hunde bellen … So finden sich nach und nach die Paare zusammen.
Haben alle ihren Partner gefunden, munkeln alle und das Licht geht wieder an.

Gesang und Tanz

In der Durchspinn-Nacht wurde natürlich auch gemeinsam gesungen und getanzt! Hier eignen sich Lieder, die jeder aus einem Liederbuch kennt, die Lieder und Tänze auf der gleichnamigen CD, sowie die Lieder aus der aktuellen Hitparade, nebst dazugehörigen Gruppenformationstänzen (z. B. »Macarena«).

Die Schlamperwoche

Stellt euch vor, ihr kommt in den Kindergarten oder die Schule und über dem Eingang steht mit großen Lettern geschrieben **»SCHLAMPERWOCHE«**
und darunter in feiner goldener Schrift nur eine goldene Regel:

»Jedes Kind darf machen, was es will!«

Das ist wie Ferien in der Schule! Lehrer- und ErzieherInnen sind nur dazu da, bei eventuell auftretenden Problemen mit der jeweiligen Werkelei mit Rat und Tat zur Seite zu stehen. Alle sonstigen Lehr- und Rahmenpläne müssen einmal ruhen, es gibt keinen Fächerunterricht in der Schule, keine Rhythmikstunde, kein Stuhlkreis im Kindergarten, es wird keine Arbeit geschrieben, es wird nichts einstudiert, es gibt keine Noten und Berichte.
Oberstes Gebot wäre, es sich so gemütlich wie zu Hause zu machen. Gemütliche Klamotten, Hausschuhe, Decken und Kuscheltiere hätten Hochkonjunktur und alle (Eltern) würden dafür sorgen, dass es auch leckere Speisen und Getränke für die Gemeinschaft gäbe.

So eine Schlamperwoche will gut vorbereitet sein. Zuerst muss herausgefunden werden, wie sich die Kinder so eine Schlamperwoche vorstellen könnten, was es denn braucht, dass es gemütlich ist, wer denn was in so einer Woche gerne machen würde. Dabei gibt es nur ein Prinzip: »Jedes Kind sucht sich Werkeleien oder Handarbeiten aus, an denen es eine Woche lang arbeiten will und die zum Ende der Woche fertig sein können. Dazu kann es auch Vorschläge von LehrerIn oder ErzieherIn geben, damit Kinder Möglichkeiten sehen, was sie überhaupt machen könnten. Wichtig: Die Entscheidungen treffen dann die Kinder selbst.
Sind alle Wünsche gesammelt, wird untereinander abgeklärt, wer was dazu braucht und wer was besorgen kann, z. B. Wollreste und Ähnliches von zu Hause. Fehlendes wird von der Schule oder dem Kindergarten ergänzt.

Ist alles Material beigeschafft und die Versorgung mit Essen und Trinken organisiert, kann's mit der Schlamperwoche losgehen!
Zur Unterhaltung wird dazu vorgelesen, es werden Hörbücher gehört, Ältere können zwischendrin auch Radio oder CD's hören … Tabu sind allein Fernsehen und Video, denn wer werkelt, braucht seine Augen für die Hände. – Aber das werden die Kinder auch bestimmt nicht vermissen!

Die Schlamperwoche endet (eventuell mit den Eltern) mit einer Ausstellung der »Werkeleien« und dem Austausch über die gewonnenen Eindrücke während der auf diese Weise gemeinsam verbrachten Zeit.

Sich auf Weihnachten freuen
Lichterfeste im Dezember

Spaziergang im Dezember

Der Dezember war früher der dunkelste Monat mit der kürzesten Sonnenscheindauer. Davon ist heute kaum noch etwas zu spüren: hell erleuchtete Einkaufsstraßen, Lichterketten überall künden vom bevorstehenden Weihnachtsfest und es scheint so, als sei die Adventszeit in den Kaufhäusern zum größten Lichterfest überhaupt geworden.
Wenden wir uns aber ab von den Einkaufsstraßen und unternehmen wir einen Spaziergang im Wald, dann ist noch etwas zu spüren von der Dunkelheit im »Vierten Herbst«, kurz vor Beginn der Winterzeit.
Die Blätter der Bäume hat der Wind längst heruntergeweht. Sie sind verdorrt und die Waldfrüchte sind von den Bewohnern des Waldes verzehrt oder von Kindern nach Hause geschleppt worden. Die Tiere finden jetzt wenig Futter, sodass der Förster oft an extra aufgestellten Futterkrippen zufüttern muss. Das einzige, was jetzt noch grün ist, sind die Tannenbäume. Kein Wunder, dass die Menschen schon immer gerne das Tannengrün mit nach Hause genommen haben, um ihre Häuser für Weihnachten zu schmücken. So ist der Tannenbaum das Symbol für das ewige Leben geworden. Wir nehmen ein paar herumliegende Tannenzweige vom Spaziergang mit heim, um unser Haus zu schmücken.
Vielleicht haben wir Glück und es ist schon Schnee gefallen, dann zeigt sich uns der Wald wie in Puderzucker gehüllt und das Geräusch unserer Schritte wird vom Schnee gedämpft. Es ist ganz still und wir spüren etwas von der Winterruhe im Tier- und Pflanzenreich. Hier und da können wir Fußspuren von Waldtieren wahrnehmen, die ihr Winterlager verlassen haben auf der Suche nach Futter.
Doch geht hinaus und seht selbst!

Den Dezember ins Haus holen

Im Dezember schmücken die Menschen seit jeher mit Tannengrün, Mistelzweigen und roten Schleifen, vielen Kerzen, Sternen aus Papier oder Stroh ihr Zuhause. Tannen und Misteln sind Garant dafür, dass die Natur wieder erwacht, auch die roten Schleifen stehen für das Leben. Kerzen und Sterne stehen für das göttliche Licht und den »himmlischen« Anlass.
Tannenzweige, Weihnachtsbäckerei, Zimt, Vanille und Orange verbreiten den typischen Weihnachtsduft.

Millionen Lichter

Nr. 21

Text & Musik: S. Ruisinger

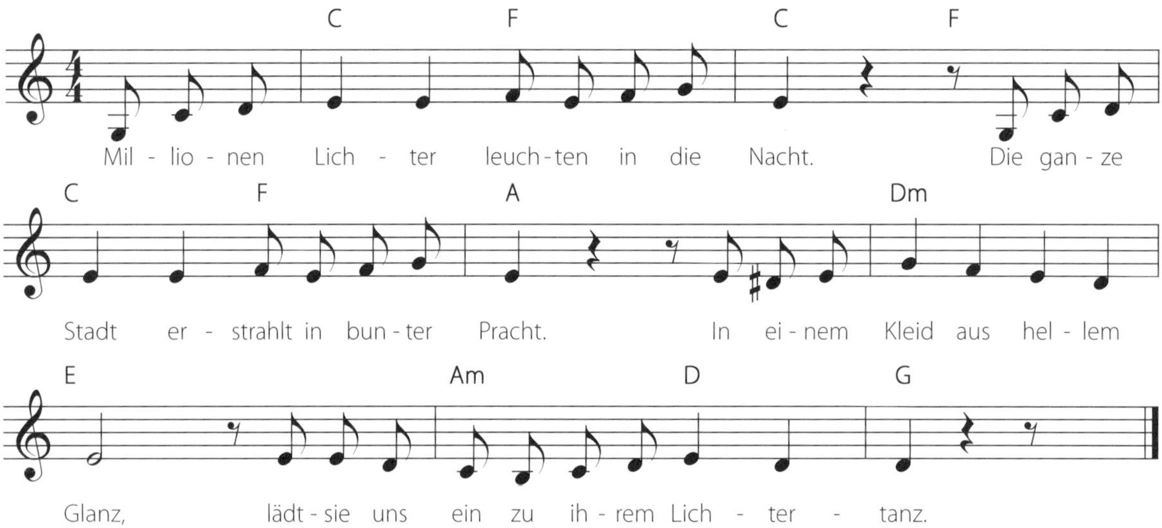

1. Millionen Lichter leuchten in die Nacht
Die ganze Stadt erstrahlt in bunter Pracht
In einem Kleid aus hellem Glanz
Lädt sie uns ein zu ihrem Lichtertanz.

2. Millionen Lichter leuchten in der Stadt
Ein armer Wicht, der's nicht gesehen hat
Sogar die Sterne staunen sehr
Beim Blick auf dieses Lichtermeer.

3. Fast jedes Fenster, jeder Tannenbaum
Erzählen einen schönen Lichtertraum
Von all den Wünschen groß und klein
Vom Fröhlich- und vom Glücklich sein.

4. Vielleicht brennt auch für dich ein kleines Licht
Ein glitzernd funkelndes Vergissmeinnicht
Vielleicht wird noch in diesem Jahr
Dein allergrößter Wunschtraum wahr.

Brauchtum und Legenden

Das Jahr neigt sich dem Ende zu. Während wir heutzutage das besinnliche Weihnachtsfest in einer Flut von Jahresendterminen und Bescherungskonsumzwang erleben, war der Dezember früher auch nicht ganz so friedlich. Die guten Heiligen führten immer eine strafende Unperson mit im Gepäck und unsere Vorfahren hatten eine Menge zu tun, böse Geister »zwischen den Jahren« zu vertreiben. Vielleicht gehört das Gute und Böse zu Weihnachten einfach mit dazu.
Freuen wir uns einfach auf die Jahreszeitenwende, denn es ist Licht am Ende des Tunnels zu sehen.

- **Adventszeit**

  Die Adventszeit (lat. adventus, Ankunft) ist im christlichen Jahreskreis die Vorbereitungszeit auf die Ankunft Christi. Es war ursprünglich eine Fastenzeit, die vom 11. November bis zum Erscheinungsfest am 6. Januar ging, dem ursprünglichen Geburtsfest Christi. Im Adventskalender werden die 24 Tage bis Weihnachten gezählt. Der Brauch, einen Adventskranz zu binden, ist relativ jung. Er geht auf J.H. Wichern zurück, der 1838 in seinem »Rauhen Haus«, einem Kinderheim, jeden Tag im Advent eine Kerze auf einen Holzkranz setzte und entzündete. An Weihnachten erhellte dann ein großer Lichterkranz den Raum. Ab 1860 wurde der Holzkranz mit Tannenzweigen umwunden. Ab dieser Zeit war es Brauch, jeweils an den Adventssonntagen eine neue Kerze zu entzünden. So stehen heute vier Kerzen auf dem Adventskranz.

- **Weihnachten**

  Das Wort Weihnachten geht auf das mittelhochdeutsche »Wihenacht« (geweihte Nacht) zurück. Die »Heiligen Nächte« wurden schon von den Germanen zu Zeit der Wintersonnenwende im Dezember begangen. Die Wintersonnenwende am 21. Dezember war das erste Fest im Jahreskreis und zugleich auch das letzte. Mitten im Winter endet der Jahreskreis in der tiefsten Dunkelheit, mit der längsten Nacht – und beginnt in diesem Augenblick neu: Von jetzt an nimmt das Licht wieder zu, werden die Tage wieder länger. Gefeiert wurde die Wiedergeburt des Lichtes.
  Im christlichen Weihnachtsfest finden wir die Symbolik im brennenden Licht am Weihnachtsbaum wieder, als Sinnbild für das in der Welt erschienene Licht Christus.
  Der erste Weihnachtsbaum in der Familie stand wohl 1605 in Straßburg.

- **Die heilige Barbara** (4. Dezember)
Die heilige Barbara ist im Ruhrgebiet Schutzpatronin der Bergleute. Sie soll im vierten Jahrhundert nach Christus in der heutigen Türkei gelebt haben. Ihr Vater soll sie getötet haben, weil sie sich gegen dessen Willen hat taufen lassen. Bis heute ist es noch Brauch am Barbaratag, dem 4. Dezember, Zweige von Obstbäumen zu schneiden, so genannte Barbarazweige, die in die Vase gestellt bis Weihnachten blühen sollen, als Zeichen des herannahenden Frühlings.

Schon in vorchristlicher Zeit war der 4. Dezember ein besonderer Tag: Am Vorabend gingen in Bayern und Österreich die Perchta oder Berchtel, die raue Winterfrau mit ihren Heimchen, durch die Dörfer, schenkte fleißigen Kindern Hutzelbrot und Nüsse oder strafte die Faulen mit der Rute.

- **Der heilige Nikolaus und seine Begleiter**
Nike bedeutet im Griechischen Sieg und Laos das Volk, Nikolaus bedeutet also in der Übersetzung Sieger des Volkes. Nikolaus ist der beliebteste Heilige in der Weihnachtszeit. Doch wer war Nikolaus? Um seine Person ranken sich zahlreiche Legenden, doch die historischen Tatsachen sind widersprüchlich. Wissenschaftlich gesichert ist, dass es einen Bischof mit Namen Nikolaus in Myra in der heutigen Türkei gegeben hat, von dem es Wunderberichte gab und der zuerst in der Ostkirche und dann in der Westkirche sehr verehrt wurde. In den englisch sprechenden Ländern wird er als Santa Claus verehrt und kam hier zu der Rolle des Weihnachtsmannes. Es gab aber noch einen zweiten Nikolaus, Nikolaus von Pinora. Er war Abt von Sion, Bischof von Pinora und starb am 10. Dezember 564 in Lykien. Seine Lebensgeschichte wurde mit der des Nikolaus von Myra verwoben.

Der heilige Nikolaus ist Schutzherr von Russland und Lothringen. Er ist Schutzpatron von Kindern und Schülern und allen, die mit Schiffen und Schifffahrt zu tun haben.

Der Nikolaustag wurde nicht nur in der Kirche, sondern auch weltlich gefeiert. Alles, was wir heute in der Advents- und Weihnachtszeit an Speisen und Gebäck kennen, hat seinen Ursprung im Nikolausfest. Zu der Zeit, als vor Weihnachten noch gefastet wurde, war Nikolaus als Schlachttag ein üppiges Ereignis.
Auch zu Nikolaus gab es Heischebräuche. Die Kinder besuchten als kleine Nikoläuse die Häuser, sangen Weihnachtslieder und erwarteten dafür Äpfel, Kuchen und Süßigkeiten.
Der Einkehrbrauch an Nikolaus hat mit dem Amt des Bischofs zu tun. Als Vorläufer wurden am Nikolausabend Äpfel, Nüsse und Süßigkeiten in den Raum geworfen. Später wurden Geschenke in den Stiefel gesteckt.
Begleiter des Nikolaus war ein bärtiger, rauer Geselle, für den es unzählige Namen gibt. Am geläufigsten sind »Knecht Ruprecht«, Belzenickel oder der raue Percht. Während Nikolaus die Geschenke übergab, hatte er die Rute für die bösen Kinder …

- **Die heilige Lucia** (13. Dezember)
  Die heilige Lucia ist die Trägerin göttlichen Lichts in der Dunkelheit. Ihr Name bedeutet: die Lichtvolle, aus dem lateinischen »lux« = Licht. Etwa 286 in Syrakus auf Sizilien geboren, starb sie als Märtyrerin. In Italien ist Lucia eine beliebte Volksheilige und das Lied von Santa Lucia ist in der ganzen Welt bekannt. In Italien gedenkt man der heiligen Lucia mit Lichterumzügen und Volksfesten. In Serbien, Kroatien und Ungarn wird Lucia ebenfalls gefeiert.

  Bis zur gregorianischen Kalenderreform 1582 fiel der Festtag der heiligen Lucia, der 13. Dezember, auf die Wintersonnenwende. Das Licht, die Sonne, stirbt und wird mit der Wintersonnenwende wiedergeboren. Die Wiederkehr oder Wiedergeburt des Sonnenlichts wird auch mit dem Brauch der Lichterschwemme am Vorabend gefeiert.

  In Schweden wird die Luciennacht als Mittwinternacht begangen. Das älteste Mädchen der Familie trägt am Morgen des 13. Dezember ein langes, weißes Kleid und auf dem Kopf einen immergrünen Kranz aus Ilex oder Preiselbeeren, in den brennende Kerzen gesteckt sind. Lucia weckt alle Familienmitglieder und serviert ihnen das Frühstück ans Bett.

  Beim öffentlichen Lichterumzug sind Lucia und ihre Freunde weiß gekleidet. Alle Kinder halten eine Kerze in der Hand und Lucia hat einen Kerzenkranz auf dem Kopf. Lucia trägt Licht und Hoffnung in die Dunkelheit der Welt. Bereits in vorchristlicher Zeit wurde eine Lichtgestalt verehrt.

- **Schenk- und Beschenktage im Dezember**
  Das Schenken unter Erwachsenen war früher ganz unüblich. Beschenkt wurden Kinder und Arme, damit sie an Festen teilhaben konnten. Nachdem die Heischebräuche zurückgingen, war bis ins 13. Jahrhundert das Fest der unschuldigen Kinder am 28. Dezember Kinderbeschenktag. Dieser verlagerte sich dann wegen der Beliebtheit des heiligen Nikolaus auf den Nikolaustag.
  Eine Weile war Nikolaus für die Jungs und die heilige Lucia für das Beschenken von Mädchen zuständig. Durch die Reformation hat sich die Bescherung auf Weihnachten verlagert und Martin Luther setzte als Gabenbringer das Christkind ein, um von der Heiligenverehrung wegzukommen. In katholischen Gegenden blieb man vorerst beim Nikolaus und so kommt es, dass sich an Weihnachten das Christkind und der Weihnachtsmann als Gabenbringer noch heute abwechseln.

HIGHLIGHT IM DEZEMBER

Frühstück bei Kerzenschein am Luciatag

Beim vierten Lichterfest, im dunkelsten Monat Dezember, steht das nahende neue Licht ganz im Zentrum des Feierns. Stand das Lichterfest im ersten Herbstmonat unter dem Thema das (Sommer-) Licht zu verabschieden, der zweite Herbstmonat unter dem Motto die Dunkelheit anzunehmen und sich nicht zu fürchten, der dritte Herbstmonat unter dem Thema sich in der Dunkelheit und Kälte, Licht und Wärme zu teilen, steht das vierte Lichterfest ganz unter der Vorfreude auf neues (Sonnen-) Licht.

Feiern die Christen die Geburt des Lichtes und der Hoffnung mit der Geburt Jesus Christus am 24. Dezember, ist die heilige Lucia im katholischen Heiligenkalender die Verkünderin des nahenden Lichtes. Ihre legendären Taten sind in katholischen Gegenden noch in Erinnerung, sie vermitteln Licht, Wärme und Barmherzigkeit. In vielen Ländern gibt es an diesem ausgewiesenen Lichtertag Feste ihr zu Ehren. So gibt es zu ihrem Gedenktag in Italien viele Lichterprozessionen. In ihrem Namen werden Lichterschiffchen in Bayern und Österreich zu Wasser gelassen, und den größten Feiertag veranstalten ihr zu Ehren die Schweden, denn sie feiern an ihrem Gedenktag Mitwinter noch am ursprünglichen Termin.

Die Vorfreude auf neues Licht beinhaltet zum einen Sorgen und Ängste loszulassen und zum anderen Hoffnung und Wünsche (mit dem neuen Jahr) zu verbinden. Die Lichterschwemme am Vorabend zur heiligen Lucia dient dazu, die Sorgen loszulassen und gute Wünsche und Hoffnung dem Lebensfluss anzuvertrauen. Dieses Loslassen von Sorgen und Wünschen finden wir auch im thailändischen Lichterfest Loy Krathong. (vgl. S. 9 und S. 81)

Das vierte Lichterfest beginnt also mit einer Lichterschwemme am Vorabend, bei der die Kinder selbst gebastelte Lichterschiffchen auf einem Fluss schwimmen lassen, geht am nächsten Tag dann weiter mit einer Lichterprozession durch die noch dunklen Räume, bei der die Kinder verkleidet als Lucia oder Wichtel weihnachtliche Lieder singen, und endet mit einem gemeinsamen Frühstück bei Kerzenschein, bei dem zum Abschluss gewichtelt wird.

Lichterschwemme am Abend

In Mitteleuropa kennt man den Brauch des Lichterschwemmens am 12. Dezember, dem Vorabend der heiligen Lucia, der vielleicht auf ein vorchristliches Lichtopfer zurückgeht: Schiffchen, die mit Naturmaterial oder leuchtenden Häuschen und Kerzen verziert sind, werden dem Fluss übergeben, der sie als Hoffnungslichter in die dunkle Winternacht trägt. In München und Innsbruck setzen die Kinder kleine, selbst gebastelte Papierhäuschen, die von innen mit einem Licht erhellt sind, in den Fluss.

Überall auf der Welt hat die brennende Kerze die Bedeutung der Hoffnung, Wärme und Barmherzigkeit. Bei jedem Lichterfest, ob bei den Lichternächten der Muslime, dem Channukkafest der Juden, dem Lichterfest Magha-puja der Buddhisten, dem Diwali der Hinduisten und dem thailändischen Lichterfest Loy Krathong, ist mit dem Entzünden der Kerzen immer Hoffnung verbunden.

Die brennende Kerze aufs Wasser zu setzen, symbolisiert auf der ganzen Welt das Loslassen können von Sorgen und Nöten. Beim Basteln der Lichterschiffchen überlegen sich die Kinder, welche Sorgen sie loswerden wollen und was sie sich für das nächste Jahr wünschen. Der materielle Aspekt des Wünschens gerät einmal in den Hintergrund und die Kinder wünschen sich Dinge, »die man nicht kaufen kann«!

Die Kinder versammeln sich mit ihren Lichterschiffchen und ziehen in der Dunkelheit zum nächstgelegenen Fluss, Bach … Dort angekommen, lassen sie die Schiffchen zu Wasser und trauen dem Gefährt ihre geheimen Wünsche an. Lange sehen sie ihren Lichtbooten nach, bis sie nicht mehr zu sehen sind.

Rindenschiffchen

Material: große, ovale Rindenstücke, Tannenzweige, Ilex, Tannenzapfen, Hagebutten u. Ä., Kerzen

Mit Blumendraht die Naturmaterialen zu einem kleinen Gesteck zusammenbinden und so in die Rinde stecken, dass in der Mitte des Schiffchens noch etwas Platz bleibt für eine Kerze.
Etwas Kerzenwachs auf diese Stelle träufeln und die Kerze auf dem Wachs befestigen.

Lichterfloß mit Häuschen

Material: 10 Holzstöckchen (20 cm lang), Schnur, 1 weißes Papier (DIN A4), Schere, Klebstoff, 1 Teelicht, 1 Reißnagel

Floß

- Die Holzstückchen in einer Reihe zwischen Daumen und Zeigefinger halten.
- Mit der Schnur die Hölzchen der Reihe nach mit Auf und Ab verbinden. Geht's die Reihe zurück, entgegengesetzt schlingen. Am Ende der Reihe verknoten.
- Nun die Hölzchen am anderen Ende entsprechend miteinander verbinden und verknoten. Das Floß ist fertig!

Häuschen

- Das unten abgebildete Häuschen auf Papier übertragen und mit der Schere ausschneiden.
- An den eingezeichneten Falzlinien umklappen, Klebstoff darauf streichen und zum Häuschen kleben.
- Das Häuschen in der Mitte des Floßes mit dem Reißnagel befestigen, das Teelicht in das Häuschen setzen.

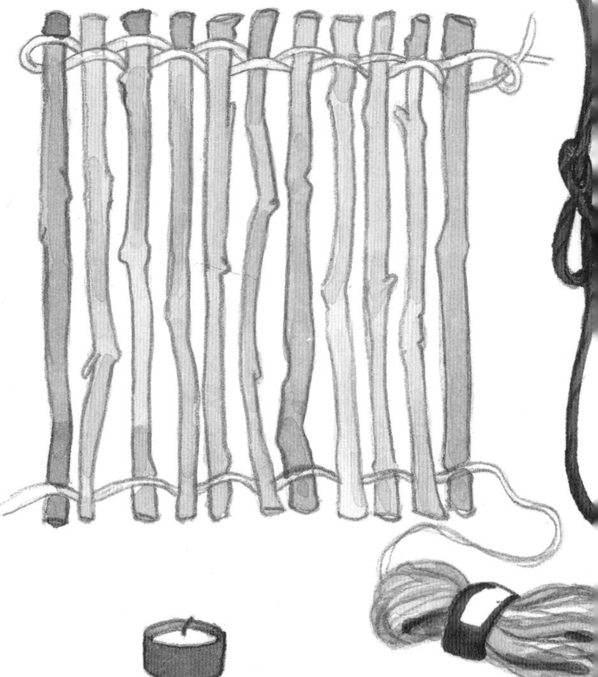

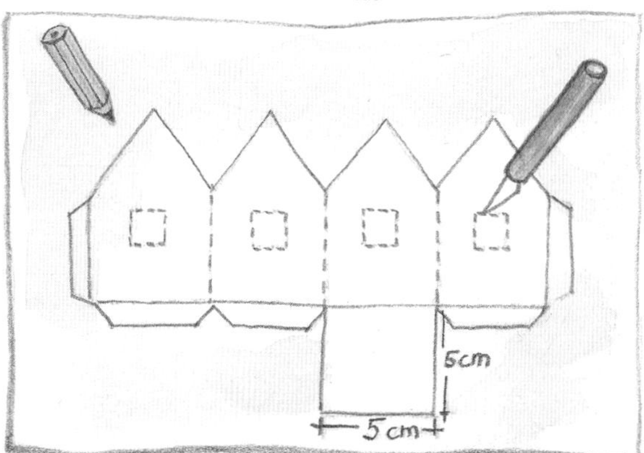

Nikolausschiffchen

Schiffchensetzen wurde der mindestens seit dem 15. Jahrhundert bekannte Brauch genannt, aus Papier Nikolausschiffchen zu basteln, in die der Heilige seine Gaben legen sollte. Der Hintergrund dieses Brauches rührt wohl daher, dass Nikolaus der Schutzpatron der Schiffer ist.

Material: weißes Papier (DIN A4), 1 Teelicht

Das Schiffchen wie gewohnt falten, dann die Spitze des »Segels« mit dem Daumen langsam nach innen drücken. Im Schiffchen entsteht eine kreisrunde Papierschale, in die das Teelicht gestellt werden kann. Unten entsteht bei dieser Schiffs-Variante sogar noch ein Kiel zur zusätzlichen Stabilität.

Krathongs

Beim Loy Krathong (S. 9), dem thailändische Lichterfest zu Ehren der Göttin des Wassers, basteln Eltern wie Kinder in der Schule und zuhause Krathongs, kleine Boote aus Bananenblättern, Holz oder buntem Papier. Meistens haben die Boote die Form einer Lotusblüte. In die tellergroßen, blütenähnlichen Boote setzen die Thailänder brennende Kerzen, Räucherstäbchen und eine Münze.

Material: runde Käseschachteln, weißes, gelbes und rosa Transparentpapier (50 × 70 cm), Teelichter, Klebstoff

Das Transparentpapier in 20 cm breite Streifen schneiden.
Eine Seite der Streifen in Form von Seerosenblättern 10 cm tief einschneiden.
Die Streifen in die Käseschachtel kleben. Dafür am Rand der Käseschachtel beginnen und rundherum lagig aufkleben.
Den Mittelpunkt der Seerose in Größe des Teelichtes frei lassen. Die Seerosenblätter zurechtzupfen, so dass eine prachtvolle Blüte entsteht.
Zum Schluss das Teelicht in die Mitte setzen und zum Lichterfest entzünden. Getragen wird das Krathong auf der Hand.

Loy Krathong

Nr. 19
Text & Musik: trad.
Bearbeitung: D. Ferber
dt. Text: D. Ferber

Wan pen duan sipsong,
nam gor ngong them taling.
Rao tang lai, chai ying sanook
gan ching wan loy krathong!
Loy, loy krathong, loy,
loy krathong
Loy krathong gan laew
kor chern nong gaew
ork ma ramwong:
ramwong wan loy krathong,
ramwong wan loy krathong!
boon ja song hai rao sook jai,
boon ja song hai rao sook jai!

Zwölfter Vollmond lässt
Das Wasser wieder fluten übers Ufer
Freuen wir uns auf Loy Krathong
Gehn wir an den Strand
Nah ans Wasser
Lassen wir schwimmen
Unsre kleinen, kleinen Schifflein
Leuchten unsre Kerzen
Auf dem dunklen Wasser
Wünschen wir uns Glück
Für das nächste Jahr

Frühstück bei Kerzenschein am Luciatag

Das Frühstück bei Kerzenschein beginnt mit einem gemeinsamen Lichterumzug mit Kerzen durch die noch dunklen Räume. Dabei singen die Kinder das Lucialied und alle bekannten Weihnachtslieder.

Nach dem Kerzenumzug nehmen alle an der Festtafel Platz und gemeinsam wird gefrühstückt und gewichtelt.

Wie die heilige Lucia nach Schweden kam

Lucia lebte vor vielen hundert Jahren am südlichsten Zipfel von Italien in Syrakus auf Sizilien. Schon früh kümmerte sie sich um Arme und Bedürftige. Weil sie darin ihre Lebensaufgabe sah, wollte sie nicht heiraten, obwohl sie schon einem Mann versprochen war. Dieser verriet sie als Christin, sie wurde verfolgt und musste als Märtyrerin sterben. Erst lange nach ihrem Tod wurde sie heilig gesprochen.

Nun begab es sich, dass im tiefsten Norden, im dunklen, kalten Schweden eine Namensvetterin von ihr aufwuchs. Die schwedische Lucia wurde im Kloster erzogen und heiratete Eskil, einen sehr einflussreichen, wohlhabenden Mann, der als Berater des Königs viel unterwegs war. Auch die schwedische Lucia war mildtätig und barmherzig. In einer großen Notsituation half sie den Bauern mit den Vorräten aus dem Kornspeicher ihres Mannes. Als Eskil nun von einer langen Reise früher als erwartet mit vielen Gästen nach Hause zurückkehrte und die Kornkammern leer vorfand, wurde dieser so wütend, dass er im Zorn ihr nur bis zum nächsten Morgen Zeit ließ, die Gäste fürstlich zu bewirten. Lucia glaubte, sie könne dies nicht schaffen und ihr letztes Stündlein habe geschlagen. In dieser Not betete sie zu ihrer Namensvetterin, der Schutzpatronin aus Sizilien. Die heilige Lucia erhörte sie im Himmel und erschien persönlich am Bett des Eskil im hellen Lichterschein mit einem Krug voll bestem, sizilianischen Wein. Als dieser nun von dem süßen, von der sizilianischen Sonne verwöhnten Wein gekostet hatte, war sein Zorn gemildert und er fiel in tiefen Schlaf. Auch den Gästen kredenzte die heilige Lucia den schweren Wein als Schlummertrunk. Bis Eskil mit seinen Gästen am anderen Morgen nun endlich aufwachte, hatte seine Ehefrau ausreichend Zeit, mit ihrer Dienerschar zu schlachten, Fleisch zu braten und ein riesiges Frühstücksbuffet für alle Gäste zu bereiten. Selbst alle Wichtel und Heinzelmännchen des Hofes halfen tüchtig mit. Als Eskil am anderen Morgen die reich gedeckte Tafel sah, war sein Herz gerührt. Lucia konnte ihm nun erzählen, wem sie alles in der Not geholfen hatte und als Eskil erkannte, dass darunter viele seiner Freunde waren, war er seiner Ehefrau sehr dankbar für ihre Taten. Er versprach am gleichen Tag noch überall in seinem Reich Altäre für die Schutzpatronin aufstellen zu lassen, damit sie im eisigen Norden die Barmherzigkeit auch in dunkler Zeit bewahren möge. Seit diesem Tag erscheint nun die sizilianische Lucia am 13. Dezember auch im hohen Norden. Die schwedischen Wichtel, Tomte und Nisse lassen es sich nicht nehmen, sie als treue Gefolgschaft bei der Lichterprozession zu begleiten

Festzeit

Das Fest begann mit der vorabendlichen Lichterschwemme, bei der die Kinder alle Sorgen loswurden; richtig gefeiert wird am nächsten Morgen mit einem reichhaltigen Frühstück.

Festort

Gefeiert wird drinnen in der Schule oder im Kindergarten, wer zuhause ist, darf nach schwedischer Art im Bett frühstücken!
Die Räume sind im Advent sowieso schon weihnachtlich dekoriert. Zum Zeichen des wiederkehrenden Lichtes dekorieren wir zusätzlich in den Farben Weiß, Gold und Silber mit Engeln und Sternen als Himmelsboten.

Kleine Lucia aus Sektkorken

Material: Sektkorken, weißer Filz oder weiße Baumwolle, Golddraht mit Sternchen, rotes Bändelchen, gelbe Wolle

- Den unteren Teil des Korkens mit weißem Stoff oder Filz bekleben – fertig ist das Lucienkleid.
- Von der gelben Wolle ca. 5 cm lange Fäden abschneiden und als Haare auf den oberen Teil des Korkens kleben (vorne als Pony erst oberhalb des gedachten Gesichtes und dann über den Kopf nach hinten kleben).
- Aus dem Golddraht ein Krönchen biegen und die Sterne zur Krone aufrichten. (Falls dieser Draht nicht vorhanden ist, einfach Goldsternchen zum Aufkleben am Kranz befestigen.)
- Das rote Baumwollbändelchen einmal um den Bauch binden.

Lichterweizen

In Deutschland und Schweden sät man am 13. Dezember Lucienweizen. Ging die Saat bis Weihnachten auf, versprach man sich dadurch ein gutes Erntejahr.

Material: Weizenkörner (im Landmarkt ganzjährig zu erhalten), Löschpapier, Watte oder Erde, Blumentopfuntersetzer oder Kuchenteller.

Den Boden des Untersetzers oder Tellers mit Erde oder Watte bedecken. Die Weizenkörner darauf legen, gut feucht aber nicht nass halten und mit genügend Licht aufstellen. Bei Zimmertemperatur keimt der Weizen bis Weihnachten. Wachsendes Grün zeigt an Weihnachten dann neues Leben.
Tipp: Am Lucienfest können solche Samenteller, mit einer »Kleinen Lucia« (s. o.) dekoriert, die Festtafel schmücken.

Lucien-Lichter

Wie im jüdischen Brauchtum den Chanukkaleuchter, stellt man an Lucia mancherorts Lucienlichter in die Fenster, deren Licht dann in der Nacht von Vorübergehenden als Licht in der Dunkelheit gesehen werden.

Material: hoher, schmaler Kerzenständer mit Tropftellerchen, weißer Fotokarton, Schere, einige immergrüne Zweiglein, rotes Geschenkband, weiße Kerze

Den Fotokarton einmal längs falten und nach unten stehender Skizze eine Lucienfigur aufzeichnen – so groß, dass der Kopf später direkt unter das Tropftellerchen passt – und ausschneiden.
Die Figur aufklappen, damit den Kerzenständer ummanteln und mit dem roten Geschenkband an der Taille zusammenbinden.
Aus Buchs o. Ä. und Blumendraht ein kleines Kränzlein binden und auf den Tropfteller legen – nun wirkt es so, als sei dies der Kranz der Lucia.
Das Lucienlicht ins Fenster stellen.

Festtafel

Die Festtafel mit weißen Tischdecken (Bettlaken) bedecken. Zusätzlich Streusterne auf dem Tisch verteilen, die den festlichen Anlass unterstreichen. Flache Glasschalen mit Schwimmkerzen erinnern an die Lichterschemme des Vorabends. Barbarazweige und Töpfchen mit ausgesätem Lichterweizen (für jedes Kind eines) künden den wiederkehrenden Frühling.

Der Speisezettel

Die Kinder vereinbaren zur Vorbereitung, wer was zu einem deftigen Frühstück mitbringt (Wurst, Käse, Eier, verschiedenes Brot, Butter, Müsli ...), damit nicht wie bei der schwedischen Lucia eine einzelne Vorratskammer geplündert werden muss.

Kinderglögg

In Schweden trinkt man am Luciatag traditionellerweise viel Glögg (der ist noch süßer und schwerer als sizilianischer Rotwein) mit und ohne Alkohol

Zutaten (für 20 Kinder)**:** ¼ l Johannisbeersirup, 3 Flaschen Apfelsaft, 5 Nelken, 3 Stangen Zimt, 2 Orangenschalen

Apfelsaft mit Johannesbeersirup mischen, die Gewürze zugeben, kurz aufkochen und anschließend ziehen lassen. Beim Ausschenken die Gewürze absieben.

Luciakatzen

Wie an St. Martin gibt es am Lucientag auch Hefegebäck. Allerdings in Form von Lucienkronen, Sonnenrädern und Katzen. Eine Legende erzählt, der Wagen von Lucia sei von Katzen gezogen worden.

Zutaten: etwas Milch, 40 g Hefe, 200 g Butter, 300 g Zucker, Salz, einige Safranfäden, 1 Ei, 100 g Rosinen, 100 g gehackte Mandeln, 1 kg Mehl, 1 Eigelb

- Etwas Milch leicht erwärmen und die Hefe darin auflösen.
- Die Butter in einer Pfanne schmelzen und vom Herd nehmen.
- Die, Hefe, etwas Milch, Safran, Salz, Zucker, Rosinen, flüssige Butter und Mandeln miteinander verrühren.
- Das Mehl nach und nach unterkneten, mit einem Tuch abdecken und auf die doppelte Menge aufgehen lassen.

Den Teig erneut durchkneten, in Portionen teilen und Sonnen, Kronen und Katzen formen. Die Formen mit Eigelb bestreichen und bei 220° ca. 10 Minuten backen.

Santa Lucia

Nr. 17
Text & Musik: trad. Italien
Bearbeitung: D. Ferber

Natten går tunga fjät runt gård och stuva.
Kring jord som sol förlät, skuggorna ruva.
Då i vårt mörka hus, stiger med tända ljus,
Sankta Lucia, Sankta Lucia.

Nightly, go heavy hearts.
Round farm and steading
On earth, where sun departs,
Shadows are spreading.
Then on our darkest night
Comes with her shining light
Sankta Lucia! Sankta Lucia!

Sul mare luccica l'astro d'argento
Placida è l'onda, prospero è il vento.(2×)
Venite all'agile barchetta mia!
Santa Lucia, Santa Lucia! (2×)

2. Nacht war so groß und stumm
Nun hört ein Brausen
Ums stille Haus herum
Wie Flügelrauschen
Seht dort wie wunderbar
Kommt her mit Licht im Haar
Santa Lucia, Santa Lucia

3. Bald flieht die Dunkelheit
Aus dieser Welt
Bald steigt der Tag erneut
Vom Himmelszelt
Welch wunderbarer Geist
Der uns dies Licht verheißt
Santa Lucia, Santa Lucia

Lichterumzug durch die dunklen Räume

Alle Kinder kommen zu diesem Frühstück als Lucia weiß (das sind in Schweden auch immer mehrere) oder als Wichtel gekleidet.
Im ganzen Haus wird das Licht gelöscht. Alle Kinder nehmen hinter der Lucia mit dem Lucienkranz (Spielleitung oder ausgewähltes Kind) Aufstellung. Sie schreitet voran durch alle Räume und gemeinsam singen die Kinder Weihnachtslieder, vor allem natürlich das bekannte Santa Lucia. Als letzter Raum wird der Frühstücksraum betreten …

Lucienkleid

Als Lucienkleid macht sich ein altes Leinennachthemd aus Uromas Zeiten sehr gut. Wer ein solches nicht hat, kann aus einem Bettlaken ein Lucienkleid fertigen.

Material: Bettlaken, Metermaß, Bleistift, Schere, Nähmaschine, Nadel und Faden, rotes Geschenkband

- Das Laken einmal quer falten und auf den Fußboden legen.
- Lucia stellt sich aufrecht hin und breitet die Arme auseinander. Nun die Länge von Handgelenk zu Handgelenk abmessen und an der Faltkante auf das Leintuch mit Bleistift übertragen.
- Den Unterarm bis zur Achselhöhle abmessen und die Länge 30 cm unter der Faltkante rechts und links auf den Stoff übertragen.
- Die Körpergröße von der Achsel bis zum Boden messen und das Maß unterhalb der Achselpunkte mit zwei Punkten auf das Leintuch übertragen.
- Jeweils rechts und links dieser Punkte 20 cm zugeben, damit der Rock später etwas ausgestellt ist.
- Lucia hält nun einen Faden auf Achselhöhe, ein anderer spannt den Faden bis zum Außenpunkt des Saumes und zeichnet mit dem Bleistift die schräge Linie nach.
- Entlang der gezeichneten Linien (Armunterseite, Rockseite, Saum) den Umriss des Kleides ausschneiden, die Seitennähte schließen und Arm- und Rocksaum umnähen.
- Für den Halsausschnitt das Lucienkleid einmal Ärmel auf Ärmel falten, an Ärmelrand und Kleidmitte mit beiden Händen spannen und mit der Schere die Mitte für den Halsausschnitt durch einen kleinen Schnitt markieren.
- Das Kleid wieder ausgebreitet auf den Boden legen, vom Einschnitt aus rechts und links 10 cm abmessen und mit einem Kuchenteller einen Halbkreis aufzeichnen.
- Den Halsausschnitt ausschneiden und mit der Nähmaschine umsäumen.
- Das Kleid überziehen und mit dem roten Band die Taille binden.

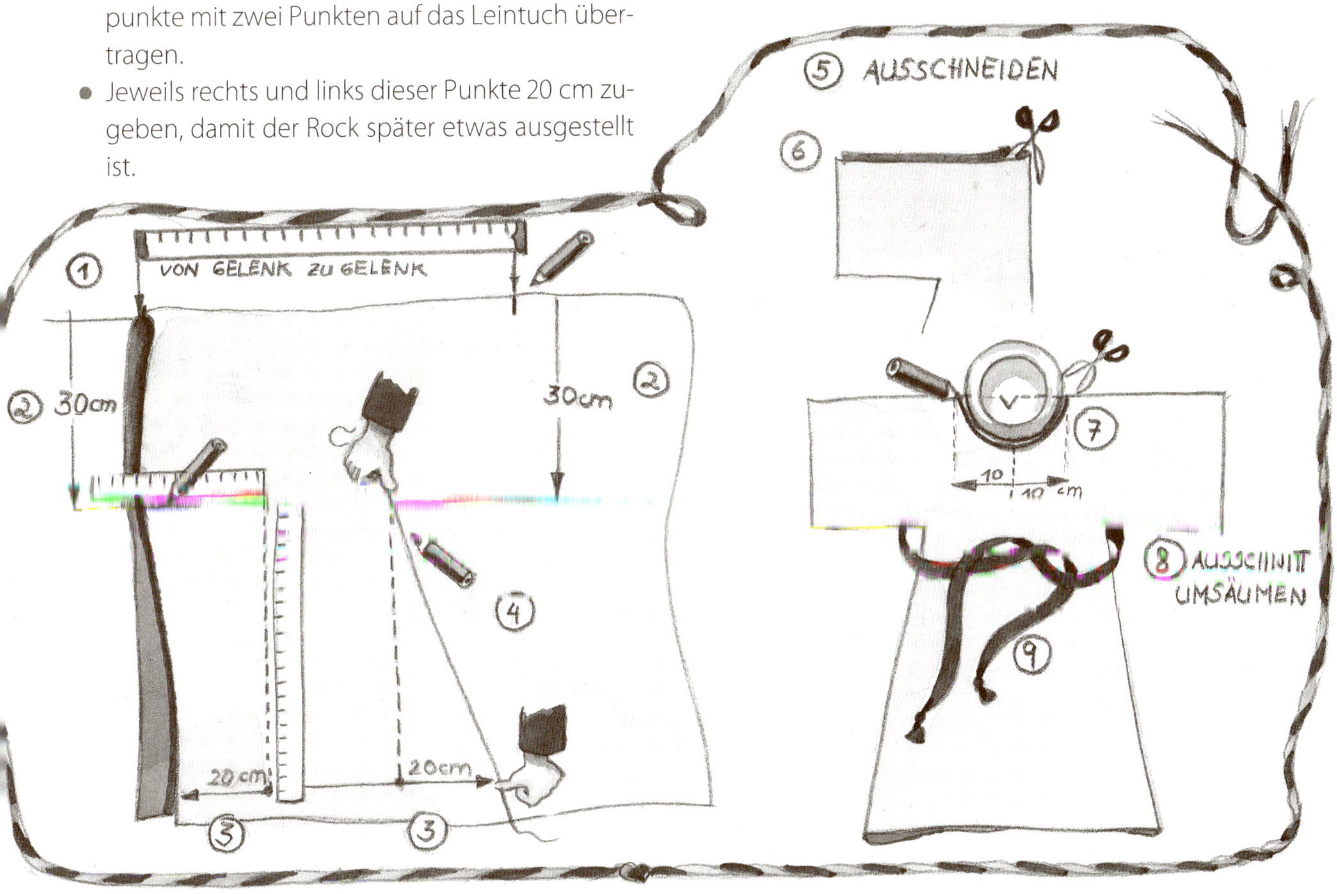

Lucienkranz

In Schweden hat jedes Mädchen einen Lucienkranz aus Gummi mit elektrischen Kerzen. Bei dem unten stehenden Originalkranz sollte, wenn überhaupt, wirklich nur ein Kind den Kranz mit brennenden Kerzen auf dem Kopf tragen, damit die Spielleitung diesen Kranz besonders im Auge behalten kann (Feuergefahr!). Die anderen Kinder, ob Lucia oder Wichtel, tragen eine Kerze (s. Apfellicht) mit beiden Händen vor sich her.

Material: Stechpalmenzweige (Ilex) oder andere immergrüne Pflanzen wie Buchs, Tanne oder Efeu, Styroporkranz oder Strohkranz, Blumendraht, ca. 30 cm langes Gummiband, 6 weiße Kerzen und 6 Kerzenhalter mit Tropftellerchen, rote Schleifen

- Den Kranz auf den Kopf setzen und das Gummiband rechts und links befestigen, dass es stramm unterm Kinn sitzt und der Lichterkranz später nicht wackeln kann.
- Den Kranz wieder vom Kopf nehmen und mit immergrünen Zweigen dekorieren. Die Zweige in 10 cm lange Stücke brechen. Mit Blumendraht zu kleinen Sträußchen binden und schuppenartig den Kranz bestecken. Dabei das Gummiband unauffällig unter den Zweigen verstecken.
- Die Kerzenhalter in den Kranz stecken.
- Rote Schleifen mit Blumendraht umwickeln und ebenfalls in den Kranz stecken.
- Die Kerzen auf die Kerzenhalter stecken und kurz vor der Prozession entzünden. **Vorsicht:** Beim Laufen mit dem Lichterkranz »kerzengerade« und bedächtig schreiten!

Die Wichtel

Die Wichtel dürfen sich ganz nach eigenen Vorstellungen gewanden, schließlich gleicht kein Wicht dem anderen (vgl. hierzu Zwergenumhang S. 47), dabei achten Wichtel immer auf eine individuelle »komische Note« …

Apfellichter

Material: Apfel, Haushaltskerze, Apfelausstecher oder kleines Haushaltsmesser, Tannenzweige

Einen Apfel auf den Tisch stellen und mit dem Apfelausstecher ein ca. 3 cm tiefes Loch so ausstechen, dass später die Kerze senkrecht zum Stehen kommt. Die Kerze hineinstecken und mit kurzen Tannenzweigen umgeben. So hat die Kerze einen besseren Halt.

Hinweis: Beim Schreiten auf genügend Abstand zwischen den einzelnen Kindern achten!

Frühstück bei Kerzenschein

... Die Kinder betreten den Frühstücksraum und stellen ihre Lichter vor sich an ihren Frühstücksplatz. Die Schwimmkerzen in den Wasserschalen werden entzündet – das gemeinsame Frühstück, bei dem Glögg und Luciakatzen nicht fehlen dürfen, kann beginnen. Dazu wird die Geschichte der Lucia (s. S. 83) erzählt.
Zum Abschluss wird gewichtelt.

Wichteln am Lucia-Tag

Im Mittelalter war an Lucia Beschenktag für Mädchen und der Nikolaustag Beschenktag für Jungs. Damit jeder etwas bekommt, wie an Nikolaus auch, eignet sich der Lucia Tag mit seinen Wichteln wunderbar, dass gemeinsam gewichtelt wird.

Material: vorbereitete Wichtelgeschenke

Wie das geht? Ganz einfach: Der Name eines jeden Kindes wird auf einen Zettel geschrieben, jedes Kind zieht einen Zettel und wird Wichtel für das gezogene Kind. Die Wichtelgeschenke sollten wirklich nur eine Kleinigkeit sein – selbst gebastelt oder gekauft, am besten vorher eine Preisgrenze vereinbaren (1,– €).
Die Wichtelgeschenke werden bei der Gruppenleitung gesammelt.
Nach dem gemeinsamen Frühstück verteilt Lucia die Wichtelgeschenke an die Kinder.

Wichtelschabernack

Nach den Wichtelgeschenken wird noch so mancher Wichtelschabernack getrieben ...

Die Hälfte der Kinder geht nach draußen, jeder Wicht der anderen Hälfte verändert etwas im Raum. Die Kinder kommen wieder herein und erraten, wo Wichtel Unfug getrieben haben.
Ist alles erraten, wechselt die Gruppe und das Wichtelspiel beginnt von vorne.

Zum Ende des Lichterfestes nimmt jedes Kind sein Wichtelgeschenk, sein Lucienlicht und den Lichterweizen mit nach Hause ...

Anhang

Register

Verwendete und weiterführende Literatur

Amt für multikulturelle Angelegenheiten der Stadt Frankfurt am Main (Hrsg.): Feste der Völker, VAS, Frankfurt (Main) 1999

Becker-Huberti, Manfred: Der heilige Martin, Greven Verlag, Köln 2004-09-28

Becker-Huberti, Manfred: Lexikon der Bräuche und Feste, Herder, Freiburg 2001

Everding, Willi: Von Advent bis Zuckerfest, Luther-Verlag, Bielefeld 1997

Günther, Sybille: Bei Zwergen, Elfen und Trollen, Ökotopia Verlag, Münster 2003

Günther, Sybille: Hallo Halloween, Ökotopia Verlag, Münster 2001

Jaffke, Freya: Feste im Kindergarten und Elternhaus, Teil 2, Verlag Freies Geistesleben, Stuttgart 1996

König, Hermine: Feste feiern – Bräuche neu entdecken, Kösel Verlag, München 2001

Pertler Cordula, Reuys, Eva: St. Martin, Don Bosco 2001

Rias-Bucher, Barbara: Feste und Bräuche, Deutscher Taschenbuch Verlag, München 1999

Rüttner-Cova, Sonja: Frau Holle – Die gestürzte Göttin, Sphinx Verlag, Basel 1986

Schneider-Stotzer, Franziska: Von Advent, Weihnachten und Dreikönigsfest, rex verlag, Luzern 2001

Schneider-Stotzer, Franziska: Von Erntedank, Engeln und Legenden, rex verlag, Luzern 1999

Zur Autorin

Sybille Günther, Erzieherin, Sozialpädagogin, Spieldozentin und Autorin, hat seit den Feuerbräuchen im Jahreskreis in ihrem Buch **Feuerwerk und Funkentanz** alte Jahresbräuche für sich neu entdeckt und für Kinder in spannende, ausgelassene Feste verwandelt. Neben **Hallo Halloween** und **Helau, Alaaf und gute Stimmung** sind nun die Lichterfeste Thema ihrer spielpädagogischen Umsetzung von alten Jahresfesten.
Weitere Bücher von ihr sind: **iftah ya simsim** – spielend den Orient entdecken, **Das Zauberlicht** – Schwarzlichttheater für Kinder, **Snoezelen – Traumstunden für Kinder, Von Räubern, Dieben und Gendarmen, Bei Zwergen, Elfen und Trollen, Großes Einmaleins für kleine Zauberer und Hexen** und **Hereinspaziert, Manege frei – Kinder spielen Zirkus.**
Alle Bücher sind im Ökotopia Verlag erschienen.
Kontakt zu Sybille Günther über ihren Laden MOMO unter der Telefonnummer:
(0 62 23) 80 96 66, siehe Anzeige

Zur Illustratorin

Kirsten Schlag, geboren 1973, hat ihr Designstudium an der Fachhochschule Münster abgeschlossen. Sie ist seit 1999 als freie Illustratorin mit Wohnsitz in Paderborn tätig.
Für den Ökotopia Verlag illustrierte sie bereits die Titel **Hallo Halloween** und **Helau, Alaaf und gute Stimmung**. www.kirstenschlag.de

...und dazu der Tonträger von Hartmut E. Höfele

Lichterfeste

Stimmungsvolle Lieder und Geschichten zum Mitsingen, Zuhören, Tanzen und Feiern in der Lichterzeit

Mit stimmungsvollen Melodien, pfiffigen Liedtexten, traditionellen Laternenliedern und neuen Kompositionen bietet die vorliegende CD nicht nur ein faszinierendes Hörerlebnis fürs Kinderzimmer, sondern auch für unterschiedlichste Lichterfeste die passende musikalische Unterstutzung.

Zu hören gibt's neben vielen anderen das poetische Lied vom Laternenmond, den thailändischen Song über ein asiatisches Lichterschauspiel mit bunten Lampions und Blätterschiffchen, das Lied „Santa Lucia" - gleich in vier Sprachen - und einen schwungvollen Halloween-Song, gefolgt von der „Pitsche-Patsche-Gummistiefelwetter-Ballade". Präsentiert werden die Lieder mal locker, mal gefühlvoll von „Frau Glühbirne" und „Herrn Kerzerich".

Das Ergebnis ist eine zauberhafte Produktion zum Zuhören, Mitsingen und immer Wiederhören.

Einsatzmöglichkeiten:
In Kindergärten, Grundschulen, Musikschulen, auf Freizeiten oder in der Familie lassen sich mit dieser CD zu den vielfältigen festlichen Anlässen im Herbst und Winter Lichterfeste jeder Art musikalisch umsetzen. Für Kinder, Eltern, ErzieherInnen, LehrerInnen und MusikpädagogInnen.

ISBN: 3-936286-67-1
ISBN: 978-3-936286-67-0